錢穆先生全集

錢穆先生全集

［新校本］

論語文解

九州出版社

圖書在版編目（CIP）數據

論語文解/錢穆著. --北京：九州出版社，2011.1（2016.9重印）
（錢穆先生全集）
ISBN 978-7-5108-0709-1

Ⅰ.①論… Ⅱ.①錢… Ⅲ.①儒家②論語－注釋 Ⅳ.①B222.2

中國版本圖書館CIP數據核字（2010）第206093號

論語文解

作　　者　錢　穆　著
責任編輯　郝建良
出版發行　九州出版社
裝幀設計　陸智昌　張萬興
地　　址　北京市西城區阜外大街甲35號
郵　　編　100037
發行電話　(010) 68992190/3/5/6
網　　址　www.jiuzhoupress.com
印　　刷　三河市東方印刷有限公司
開　　本　635毫米×970毫米　16開
插頁印張　0.5
印　　張　12.5
字　　數　140千字
版　　次　2011年1月第1版
印　　次　2016年9月第2次印刷
書　　號　ISBN 978-7-5108-0709-1
定　　價　28.00元

版權所有　侵權必究

錢穆先生

窗竹蕭蕭正晚風 溪星耿耿又秋雲一瓢室
尚方頏于千首將無有 郤睡恨月嗁花
都大鷟飛魚躍一中庸無人不姓黃
陳輩高步騎壇角兩雄

明陳白沙詩

壬寅冬日 錢穆

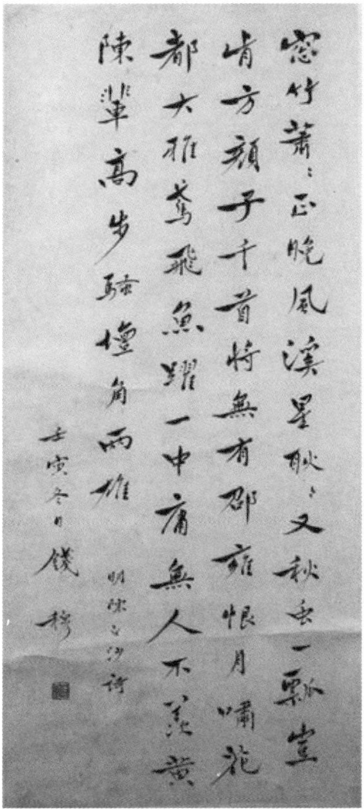

錢穆先生書法

新校本說明

錢穆先生全集，在臺灣經由錢賓四先生全集編輯委員會整理編輯而成，臺灣聯經出版事業公司一九九八年以「錢賓四先生全集」為題出版。作為海峽兩岸出版交流中心籌劃引進的重要項目，這次出版，對原版本進行了重排新校，訂正文中體例、格式、標號、文字等方面存在的疏誤。至於錢穆先生全集的內容以及錢賓四先生全集編輯委員會的注解說明等，新校本保留原貌。

九州出版社

出版說明

民國二年至八年間，錢賓四先生往來於無錫蕩口、梅村兩鎮，任教於私立鴻模學校與無錫縣立第四高等小學，論語文解即撰成於此一時期。其時先生教授論語課程，適讀馬建忠馬氏文通，逐字逐句按條讀之，不稍疏略，因念馬氏文通所詳論者字法，可仿其例論句法，遂即以論語爲例。積年乃成此書，爲先生生平正式著書之第一部。以稿郵送上海商務印書館，於民國七年十一月出版。數十年以來，是書僅此一版；商務未再重印，故未久即告絕版。其後國事蜩螗，先生奔走南北，以致亦未能保有此書。逮先生晚年定居臺北，海外有藏其書者，持以相贈，然後復得之。而先生以不斷從事新撰著，一時無暇對之重行修訂，因亦未再梓行。此書既爲先生之第一部著作，今編爲全集，自應收入。惟以原書未再有所改訂，故此次重排，乃以原版爲底本進行整理。此書主要以「起、承、轉、合」標明論語句法，然以當時排印所採字體以及各種標識符號，嫌於簡陋，不盡理想，今改用不同之字體與符號，務求層次分明，顯豁文意。其內容則除改正原版若干明顯誤植文字外，不作任何更動。

本書之整理工作，由辛意雲先生負責。

錢賓四先生全集編輯委員會　謹識

目次

達用　下

序例

往余讀莊子養生主，庖丁爲文惠君解牛，「依天理，批間郤，恢恢乎游刃餘地。」心好其說。以爲宇宙事物之會成，莫非有理，斯莫不有間。得其理，入其間，凡事物之會成，皆有以解其所以然，而後乃不爲事物跡象所困，而有以深識其中，而離合運用之。蓋今西人質力製造之事，民羣平治之局，駸駸皆遠出我。而一探其底，盡若有庖丁之意行其間者。而其教授童蒙之法，尤爲循自然之理，使學者可以不竭神智而深入其間，因以得其運用之方，爲益有似於莊生之旨也。我國文字之學，自來號爲難究。自學校師襲西法，而文字之教授，獨仍舊貫，無所變進。而歲割月折之病益見，學者徒靡心力而收寡效。夫不得其所以組織會成之理，而摩撫於外之跡似，而求以能其事，其徒勞而無功，固其宜也。吾國之論文法者，首推丹徒馬氏之書。然繼而究之者甚少，故其言猶多失正。又專主句讀，於篇章之理，有所未及。問嘗有意匡其失而補其闕，而卒卒亦無所就。私獨以莊生之言，觀於文字，所謂「未嘗見全牛」者，而稍稍告諸學者，學者喜之。退而编爲此書，以發其趣。其於大郤大窾之處，可謂盡之。學者循之以進，庶乎其可望其無遇全牛，而善葆其刀也。蓋馬氏之書，自詡特創，故亦不能無疵。今玆所稱，意主蒙求，然亦多前人所未及者。匡捄繩切，以完其說，而益以進明夫斯文之大理，是深有賴於當世之君子也。

文章義、法兼重，詩曰：「有物有則。」義有物也，法有則也。然自來多訓詁義物之言，而典章法則者少。或遂譏輕西人文典之書，以爲無用。此猶俗人妄論名家，謂：我亦能思，我亦能言，何必講邏輯，乃能言思也。如我古者公孫龍子之徒，無深志義，而務爲辯說反人取勝爲名，則誠無用耳。若今西人之所爲，則名學固不可少也。爲文徒講典法，則虛車無所載，然載重者，豈可捨堅車乎？則自「文從字順各識職」，以至於「周中規，折中矩」者，莫不有當然之道，誠學文者不可不講而知也。昔之求文法者，神而明之，故難；今之求文法者，器而習之，故易。此亦後來者勝，未可以不貫見棄之也。

小學生讀書國民學校，綴字造句，爲師者可以運用句讀字詞之義法以爲教，未可直以句讀字詞之義法教之也。逮入高等小學，無不能造句者矣。進而學爲短篇之文字，則惟句與句之相續，所謂起、承、轉、結之四法者最要。若復授以句讀字詞之義法，太淺則爲已能，較深又非急用。不若俟其粗能屬文，然後爲具體而稍精密之講解，則可於中學校以上行之。此編本此意以成書，重在句與句之相續，而字詞句讀之義法，亦可於此窺其大要。既以免枯寂無味之病，亦以求應時實用之效。此吾國小學校教授文法，區區之意，謂當視西人略爲變通之處也。

論語文簡淡切實，於古籍中較易指講，又爲學者不可不讀之書。今學校既無讀經一科，故本編專引論語，俾學者非惟明斯文理致之大要，亦以稍窺經籍，以資修養之準。

本編重解文理，所引次序，別具經營。論旨既明，則原書亦不盡詳，然亦十之七八矣。間有便一時論說而重出者，然亦甚少。大抵既見於前，則後不復及。而前後所論，每可互相參證，則在學者自究之。

文章之道，未可盡以形跡言說拘。本書雖亦條分縷析，而精意所在，只是一貫。章節以便論說，而所定名詞，亦多創造。然自來綴文義法，亦大略盡此中矣。

本書可供高小暨中學一二年級教授文法或自修之用。所論取明大意，是係臨時編發講義，草促所成，與著作傳世不同。所望海內鴻碩，不吝賜敎，以臻完正爲幸。

中華民國七年端午於縣立第四高等小學校之西廡無錫錢穆識

明體上

字與字相續而成句，句與句相續而成篇。文章之道，千端萬緒，言其所由成，不外是字句之相續而已。故古稱「綴文」，或稱「屬文」。「綴」「屬」之爲言，皆連續也。綴屬必有所自，其所自曰「起」，有起而綴屬之者曰「承」。起承之於爲文，猶加減之於布算也。起之變爲「展」爲「轉」，承之變爲「總」爲「結」。文之有起承轉結，亦猶數之有加減乘除也。乘除出於加減，猶轉結之出於起承。故起承爲體，轉結爲用。四者神明而用之，則綴文之道盡是矣。茲先論起承，後及轉結。

第一章 起

凡居一篇之首者曰「起」。凡爲後之所自承者曰「起」。故能造句，即能爲起，起不須論也。「起」對「承」而言之，言「承」則「起」自明。捨「承」論「起」，「起」亦無可論也。然亦有徒「起」而無「承」者，因先及焉。

第一節 對句

所謂徒「起」而無「承」者，「對句」是也。

子曰：「君子上達，小人下達。」

此對句也。自一句而言之，則「君子」二字爲一名，爲句主，即「起」也。「上達」二字爲一事，所以謂「君子」者，即「承」也。自一節而言之，則「君子上達，小人下達」二句，各不相屬，非「承」非「起」。然以對比並立，意實貫通，儼若有綴接之道存乎其間，故此爲章句之中界，實綴文之首基也。

子曰：「君子懷德，小人懷土。君子懷刑，小人懷惠。」

此二對句爲一節，二節相對爲一章也。

子曰：「知者不惑，仁者不憂，勇者不懼。」

此三句對立者。

子曰：「知者樂水，仁者樂山。知者動，仁者靜。知者樂，仁者壽。」

此二句爲對而三疊者。

子曰：「君子求諸己，小人求諸人。」

子曰：「君子喻於義，小人喻於利。」

子曰：「古之學者爲己，今之學者爲人。」

此皆對句也。凡對句各自獨立，不相統攝，可分可合，而氣脈貫注，相得益彰。故對句非文，而文之由成，自對句始也。

子曰：「學（頓）而不思（轉）【起】則罔，【承】

思（頓）而不學（轉）【起】則殆。」【承】

此亦對句也。然審言之，「學而不思」四字，起也。「而」字所以掉轉，「則」字所以承決，視前所引較曲矣。

子夏曰：「仕（頓）而優（轉）【起】則學，【承】學（頓）而優（轉）【起】則仕。」【承】

此猶前式也。

子曰：「貧（頓）而無怨（轉）【起】難，【承】富（頓）而無驕（轉）【起】易。」【承】

承斷辭也，視前略矣。

子曰：「晉文公（頓）【起】譎（頓）而不正（轉），【承】齊桓公（頓）【起】正（頓）而不譎（轉）。」【承】

此與前引起承句法適倒。

子曰：「君子（頓）【起】周（頓）而不比（轉），【承】

小人（頓）【起】比（頓）而不周（轉）。」【承】

子曰：「君子（頓）【起】泰（頓）而不驕（轉），【承】

小人（頓）【起】驕（頓）而不泰（轉）。」【承】

子曰：「君子（頓）【起】不可小知（頓）而可大受也（轉），【承】

小人（頓）【起】不可大受（頓）而可小知也（轉）。」【承】

句法並同。

子曰：「君子坦蕩蕩，小人長戚戚。」

此對而微變者。

子曰：「人能弘道，非道弘人。」

此環句而爲對者。

子曰：「君子（頓）【起】成人之美（一），不成人之惡（二）。【承】

小人（頓）【起】反是。」【承】

此對而詳略焉者。凡皆對句之變也。然對句拘於格，無大變，極變之致者則有排句。

第二節　排句

凡句分兩扇者稱「對」，自三以上，不云對也。故如上引「知者不惑，仁者不憂，勇者不懼」三句，析言之，則若「對」，統名之，則爲「排」。排之於對，大同而小異。明對句，則排句可隅反矣。

對句並立，故重格。排句順及，故重調。對句之並立，在語意之正反。排句之順及，在語氣之一貫。故對句以造意爲先，排句以調聲爲貴。此其不同之所在也。故排句必有其相爲關係之字。如：

子曰：「興於詩，立於禮，成於樂。」

又：

子曰：「志於道，據於德，依於仁，游於藝。」

此皆以介字「於」爲關聯者，而兩排先後次序不可紊，一體蟬續，有魚貫遞進之致。其於屬句成篇之道，較之對句，尤益顯近矣。故排句者，綴文之第二階也。

子曰：「柴也愚，參也魯，師也辟，由也喭。」

此以助字「也」爲關聯者，亦順及之句，皆排句之整者也。然排句重調，而調不可板，故排句之調多變。

子曰：「惡紫之奪朱也，惡鄭聲之亂雅樂也，惡利口之覆邦家者。」

前兩句以「也」字切調，結句忽變「者」字。不調而調，行乎自然，此所謂善變也。此其法不可泥，而其意不可忽。

太師摯適齊，亞飯干適楚，三飯繚適蔡，四飯缺適秦，鼓方叔入于河，播鼗武入于漢，少師陽、擊磬襄入于海。

前四句關係「適」字，後三句關係「入」字，亦所謂變也。

子曰：「恭（頓）而無禮（轉）【起】則勞【承】，愼而無禮則葸，勇而無禮則亂，直而無禮則絞。」

君子（頓）【起】篤於親，則民興於仁（一）；故舊不遺，則民不偸（二）。【承】（前後兩節統以「則」字關聯。）

此亦排句而益變矣。進是則謂之成篇，弗以排句論矣。

第三節　對格排調之句

然排句重調，而意固相攝。對句重意，而調亦必稱。此觀諸上諸所引而可見者。則又有對格排調之句，以溝通而運用之焉。

子夏曰：「百工（頓）【起】居肆（頓）以成其事（承），【承】

君子（頓）【起】學（頓）以致其道（承）。」【承】

此「百工」「君子」正譬相對而成排者也。

子曰：「知之者不如好之者，

好之者不如樂之者。」

又：

子曰：「齊一變至於魯，

魯一變至於道。」

此兩排對立，而意實側注遞進者也。

子曰：「不在其位，（起）

不謀其政。」（承）

此對格排調，而自爲起承者也。

子曰：「人之生也（頓）【起】直，【承】（下轉）罔之生也（頓）【起】幸而免。」【承】

「直」與「罔」對，而句則排句也。而其潛氣內轉，又極運用之妙。

子曰：「見賢（起）思齊焉，（承）見不賢（起）而內自省也。」（承）

此亦排句（關係「見」字）。而「賢」「不賢」爲對者。

子曰：「巧言（頓）【起】亂德，【承】小不忍（頓）【起】則亂大謀。」【承】

此關聯「亂」字而順及之。

子夏曰：「大德（頓）【起】不踰閑，【承】小德（頓）【起】出入可也。」【承】

此「大德」「小德」相順及。凡皆排句而相對也，而每有虚字斡旋其間，以謀氣脈之貫串，如上引「則」字、「而」字、「也」字，當細參。

子曰：「不患無位，患所以立。（關係「患」字）不患莫己知，求爲可知也。」（關係「知」字）

此兩排相對，而以「不患」冠句爲關聯者。

子曰：「有德者必有言，有言者不必有德。仁者必有勇，勇者不必有仁。」

此環句爲對而成排者，而氣機益舒。

子曰：「君子而不仁者有矣夫！
未有小人而仁者也。」

此亦環句相對而成排。

子曰：「孟公綽（頓）【起】爲趙魏老則優（一），
不可以爲滕薛大夫（二）。」【承】

「爲」關聯字也。「趙魏老」與「滕薛大夫」對，「不可」與「優」對。亦環句相對成排而益變也。

子曰：「其身正（起），不令而行。（承）

其身不正（起），雖令不從。」（承）

子曰：「苟正其身矣（起），於從政乎何有？」（承）
不能正其身（起），如正人何？」（承）

子貢曰：「夫子之文章（頓）【起】，可得而聞也。【承】
夫子之言性與天道（頓）【起】，不可得而聞也。」【承】

此句法益變，而虛字之斡旋（首引）、句態之顧盼（次引）益巧，文氣之流行（三引）益盛矣。
蓋至是則居然非句而近篇矣。總此而進者，不復可以句論，故茲不詳。

第四節　散句

句無起承，非排非對，而雜集以相次者，謂之「散句」。然文字之道，實無此也。茲舉其類此者論之。

子曰：「君子（頓）（總起）不重（頓）【起】則不威（一），學（頓）則不固（二）。【承】（一承）主忠信，（二承）無友不如己者，（三承）過則勿憚改。」（四承）

此若散句矣。然諦言之，雖是記者雜集相次之辭，而冠以「子曰」二字，爲之總冒；而是數言者，皆承「子曰」而爲言也。（前後所引「子曰」冠句，實皆總起而後文承之。玆發例於此，他不別及。）且猶不止此，「君子不重則不威」「學則不固」二句，其自有承轉之跡無論矣。（關係「則」字為排句。）「主忠信」「無友不如己者」二句，以「主」「友」對文而順及之也。（「主」猶「於衞主顏讎由」之「主」。）「無友不如己者」與「過則勿憚改」二句，又以「無」「勿」之同爲戒辭而順及之也。前爲對句之變，後爲排句之變，而「君子」二字，又統冠諸辭而爲之主者。則皆自有連屬之道存其間，非偶而已也。然使曰「無友不如己者，勿憚改過」，則全節氣脈索然矣。此又見虛字之斡旋於文字，其爲用何如耶！

由此言之，句之相續，自非有承轉之可言，則莫逃於「對偶」「排比」之二者可知也。蓋先後，時也（此言排句），彼此，位也（此言對句）。先後相次（排句），彼此相比（對句），爲文之首事，亦爲文之終事也。謀篇布局，命意抒辭，舉不外是先後相次、彼此相比而已。故對句凝實，排句蹈虛。對句之極，變爲駢偶；排句之極，變爲散行。一縱（排句）一横（對句），一峙（對句）一流（排句），至於格（對句）、調（排句）、聲（排句）、色（對句）之間，皆可於此參之。故易變統於「陰陽」，哲理本諸「時（宙）位（宇）」，文理基於「排偶」，並立順及之兩端，實無往而不見其用事。學者於此而深味有得焉，則排句、對句雖非文，而文章之道，無以踰此矣。

第二章　承

前論排對，遂及時位。「時」次先後，多見於敍述之辭；「位」著彼此，多出於論斷之語。茲總排對而論起承，則仍將依「時」「位」而爲言。

第一節　時承

時承者，敍述之辭，所以記事之先後相承也。然事之先後相仍矣，而位又有仍、轉之分。

甲　時承位仍

「時承位仍」云者，二事先後相承，而事出於一主之謂也。如：

子之武城，（起）
（子）聞弦歌之聲。（承）

子之武城，一事也，子聞弦歌之聲，又一事也。次「聞」事於「之」事之後，而省其「聞」之主辭，此所以見承也。使直云「子聞弦歌之聲」，則爲承之道不得矣。故凡時承位仍之辭，其承句之主辭必省。如：

子入太廟，（起）
（子）每事問。（承）

又：

季康子患盜，（起）
（季康子）問於孔子。（承）

仲弓爲季氏宰，（起）
（仲弓）問政。（承）

子夏爲莒父宰，（起）
（子夏）問政。（承）

師冕見，（起）
（師冕）及階。（承）

諸類皆是，不盡引。

乙　時承位轉

「時承位轉」云者，二事先後相承，而事出於二主之謂。如：

伯牛有疾，（起）
子問之（伯牛疾）。（承）

伯牛有疾，一事也。子問疾，又一事也。二事出於二主，相次以見先後之序，而承句「之」字，卽承上文「疾」字而代之，爲二句之關係。凡賓詞之重見於時承位轉之辭者，常用代字，其意猶主詞之再見於時承位仍之辭者之常省也。

曾子有疾，（起）
孟敬子問之。（承）

句法同上。又如：

顏淵死，（起）
顏路請子之車以爲之椁。（承）
顏淵死，（起）
子哭之慟。（承）
顏淵死，（起）
門人欲厚葬之。（承）

三「之」字皆指「顏淵」，承上文而爲之關係也。然時承位轉之句，不必盡有關聯之字，特見其兩事之前後足矣。如：

子疾病，
子路請禱。

又：

子疾病，
子路使門人爲臣。
子畏於匡，
顔淵後。
佛肸召，
子欲往。

此皆時承位轉而無關係之字參其間也。亦有不爲先後異時，而特以句之主從相次者。則如：

子適衛，
冉有僕。

此非時有先後也，而事有主從以相次，則亦時承位轉之類。茲舉時承之辭之位轉、位仍雜出者，以盡其變。如下：

季文子三思而後行（仍），（下轉）

子聞之（關係）曰（仍）：「再，斯可矣。」

又：

子路問政，（下轉）

子曰：「先之勞之。」（下轉）

（子路）請益，（下轉）

（子）曰：「無倦。」（此主詞以再見而省也。）

又：

子華使於齊，（下轉）
冉子爲其（關係）母請粟。（下轉）
子曰：「與之（關係）釜。」（下轉）
（冉子）請益。（下轉）
（子）曰：「與之（關係）庾。」（下轉）
冉子與之（關係）粟五秉。（此冉子不省，為文氣至此一轉為敘事，節奏所在也。）

又：

公叔文子之臣大夫僎，與文子同升諸公。（下轉）
子聞之（關係）曰（仍）：「可以爲文矣。」

又：

冉有曰：「夫子爲衞君乎？」（下轉）

子貢曰：「諾，吾將問之（關係）。」入（仍），曰（仍）：「伯夷、叔齊何人也？」（下轉）

（子）曰：「古之賢人也。」（下轉）

（子貢）曰：「怨乎？」（下轉）

（子）曰：「求仁而得仁，又何怨？」（下轉）

（子貢）出，曰（仍）：「夫子不爲也。」

又：

陳成子弒簡公，（下轉）

孔子沐浴而朝，告於哀公曰（仍）：「陳恆弒其君，請討之！」（下轉）

公曰：「告夫三子。」（下轉）

孔子曰：「以吾從大夫之後，不敢不告也。君曰『告夫三子』者。」之（仍）三子告

（仍），（下轉）
（三子）不可。（下轉）
孔子曰：「以吾從大夫之後，不敢不告也。」

又：

蘧伯玉使人於孔子，（下轉）
孔子與之（關係）坐而問（仍）焉（關係），曰（仍）：「夫子何爲？」（下轉）
（使者）對曰：「夫子欲寡其過而未能也。」
使者出。（此句仍上位而特提使者不從略，爲文氣至此一轉，敍事之節奏變也。）（下轉）
子曰：「使乎！使乎！」

又：

子路宿於石門。（下轉）

晨門曰：「奚自？」（下轉）
子路曰：「自孔氏。」（下轉）
（晨門）曰：「是（關係）知其不可而爲之者歟？」（子路、晨門皆再見，或省或否，可以見文無定法，惟求是也。）

又：

師冕見，及（仍）階，（下轉）
子曰：「階也。」（下轉）
（師冕）及席，（下轉）
子曰：「席也。」
皆坐，（節奏）
子告之（關係）曰（仍）：「某在斯，某在斯。」
師冕出，（節奏）（下轉）

子張問曰：「與師言之道與？」（下轉）
子曰：「然，固相師之道也。」（凡敘事為之轉變處，皆為節奏，如此引之自進而坐、自坐而出皆是，文氣至此必與相稱，此當細參。）

又：

陽貨欲見孔子，（下轉）
孔子不見，（下轉）
（陽貨）歸孔子（孔子再見，不用代字。）豚。（下轉）
孔子時其（關係）亡也而往拜（仍）之（關係），遇（仍）諸（關係）塗。（下轉）
（陽貨）謂孔子（孔子不用代字。）曰：「來！予與爾言。」曰（仍）：「懷其寶而迷其邦，可謂仁乎？」（下轉）
（孔子）曰：「不可。」（下轉）
（陽貨曰）「好從事而亟失時，可謂知乎？」（此并動字而略之。）（下轉）

（孔子）曰：「不可。」（下轉）

（陽貨曰）「日月逝矣，歲不我與。」（亦略動字。）（下轉）

孔子（主辭特詳）曰：「諾。吾將仕矣。」（此引最見詳略之變。）

又：

孺悲欲見孔子，（下轉）

孔子辭以疾。（下轉）

將命者出戶，（下轉）

（孔子）取瑟而歌（仍），使（仍）之聞之（兩「之」字關係）。

又：

長沮、桀溺耦而耕，（下轉）

孔子過之（關係），使（仍）子路問津焉（關係）。（下轉）

長沮曰：「夫執輿者爲誰？」（下轉）（以下長沮皆省。）

子路曰：「爲孔丘。」（下轉）（以下子路皆省。）

（長沮）曰：「是魯孔丘與？」（下轉）

（子路）曰：「是也。」（下轉）

（長沮）曰：「是知津矣。」（下轉）

（子路）問於桀溺。

桀溺曰：「子爲誰？」（下轉）（以下桀溺皆省。）

（子路）曰：「爲仲由。」（下轉）

（桀溺）曰：「是魯孔丘之徒與？」（下轉）

（子路）對曰：「然。」（下轉）

（桀溺）曰：「滔滔者天下皆是也，而誰以易之。且而與其從辟人之士也，豈若從辟世之士哉！」耰（仍）而不輟。（下轉）

子路行（子路特提節奏）以告（仍）。（下轉）

夫子憮然曰：「鳥獸不可與同羣，吾非斯人之徒與而誰與？天下有道，丘不與易也。」

又：

子路從而後，遇（仍）丈人以杖荷蓧。子路（子路特提，為從行路至問答事之節奏所在也。）問曰：「子見夫子乎？」（下轉）

丈人曰：「四體不勤，五穀不分，孰爲夫子！」植（仍）其（關係）杖而耘（仍）。

子路拱而立。（子路提節奏，從問答至止宿。）（下轉）

（丈人）止子路宿，殺雞爲黍而食之（關係），見其二子焉（「其」「焉」關係）。（以上皆仍，下轉。）

明日，子路行（節奏），以告（仍）。

子曰：「隱者也。」使（仍）子路反見之。（下轉）

（子路）至，則（下轉）

（丈人）行矣。（掉轉如神龍，子路、丈人皆略，為承「子使」一事而順及之，非節奏轉變處也。）

子路曰（子路特提節奏）：「不仕無義。長幼之節不可廢也，君臣之義，如之何其廢之？欲潔其身而亂大倫。君子之仕也，行其義也。道之不行，已知之矣。」

凡時承之辭，大略如此，固無甚深難明之處。然一句有一句之主，而一節亦有一節之主，當其事節轉變，則必當特提本節事主，以清眉目。此卽所謂節奏者也。此其道，學者當詳取之於左史之文。而此諸所引，固其權輿，可深味也。至於提掇頓逗，以助氣而引轉，凡皆講敍事節奏之所不可不知者。此難以言傳，可熟讀深思自得之也。又凡所引「曰」後文字，皆承「曰」字而來，而亦有起承轉落可言。茲不一一表出，學者自探之。

第二節　位承

時承既明，進論位承。位承有三別：一決辭，二斷辭，三申辭。

甲　位承決辭

「位承決辭」者，承起詞而決其事效所極也。此於時承之辭最近，然時承實敍，此則懸必，是其別也。如：

曾子曰：「愼終追遠（起），民德歸厚矣。」（承決）

君子愼終追遠之誠昭於上，則民德歸厚之效感乎下，一起一承，所以決其事效之如何，猶曰如此則必如彼矣。故謂之位承決辭，與敍述之辭之次兩事之先後者不同。

子曰：「溫故而知新（起），可以爲師矣。」（承）

前引位轉以爲承者，此位仍以爲承者。下諸所引，學者可自會之。

子曰：「攻乎異端（起），斯害也已。」（承）
子曰：「苟志於仁矣（起），無惡也。」（承）
子曰：「朝聞道（起），夕死可矣。」（承）
子曰：「放於利而行（起），多怨。」（承）
子曰：「以約（起）失之者鮮矣。」（承）
子曰：「躬自厚而薄責於人（起），則遠怨矣。」（承）
子曰：「善人教民七年（起），亦可以即戎矣。」（承）
子曰：「上好禮（起），則民易使也。」（承）
子曰：「人無遠慮（起），必有近憂。」（承）
子曰：「加我數年，五十以學易（起），可以無大過矣。」（承）

子游曰：「事君數（起），斯辱矣。（承）
朋友數（起），斯疏矣。」（承）（此為對格排文。）

諸引皆決辭也。凡位承決辭，其起詞皆含假設之意，其承辭皆可以「則」字爲承，「矣」字爲決，而詳否不一，可自參之。

乙　位承斷辭

「位承斷辭」者，承起詞而斷其情實之若何也。是爲論斷文字之正幹，凡以云此之爲何也。如：

子曰：「鄉原（起），德之賊也。」（承斷）

此以斷「鄉原」之爲何如人也。決辭決其效，斷辭斷其實。決辭主先後之因果，斷辭重彼此之異同。斷、決之爲辨，猶時、位之爲辨也。

子曰：「道聽而塗説（起），德之棄也。」（承）

子曰：「古者言之不出（起），恥躬之不逮也。」（承）

此對格排句也，（「言」「躬」對文，「之不」排字。）以斷不輕出言之故者。

子貢問曰：「賜也何如？」子曰：「女器也。」（斷承）
曰：「何器也？」曰：「瑚璉也。」（斷承）

「子曰」兩層，皆斷承也。

子曰：「臧文仲居蔡（起），山節藻梲（時承），【起】
何如其知也！」【反斷承】

子曰：「羣居終日（起），言不及義（時承），【一】好行小慧，【二】（兩層起）
難矣哉！」（斷承）

子曰：「夷狄之有君（起），不如諸夏之亡也。」（斷承）

此對格排句也。

子曰：「三軍（起）可奪帥也，（承斷）

匹夫（起）不可奪志也。」（承斷）

此亦對格排文。

子曰：「好勇疾貧（起），亂也。（斷辭承）

人而不仁，疾之已甚（起），亂也。」（斷辭承）

此兩排相比成文者。

子曰：「非其鬼而祭之（起），諂也。（斷承）

見義不爲（起），無勇也。」（斷承）

此亦排文。

子曰：「魯衞之政（起），兄弟也。」（承）

子曰：「以不教民戰（起），是謂棄之。」（承）

子曰：「辭（起）達而已矣！」（承）

諸引皆斷辭也。凡位承斷辭，大率以「也」字煞句。

丙　位承申辭

「位承申辭」者，承起詞而申足發明其含義者也。如：

子曰：「晏平仲善與人交（起），久而敬之。」（申承）

「久而敬之」，申明其所以爲「善」也。

子曰：「中庸之爲德也（頓），其至矣乎（虛斷承）？【起】
民鮮能久矣！」【申承】

「民之鮮能久矣」，卽所以申足其爲「至德」之意者。

子曰：「甚矣（頓）！吾衰也（申承）。【起】
久矣（頓）！吾不復夢見周公。」【排句申承】

此排而變者。何甚乎？「吾衰」甚也。何久乎？「吾之不復夢」久也。故「吾衰」、「吾不復夢」，皆申辭也。而「久矣吾不復夢」語，又以申足上文「甚衰」之意。此可見聖門文字之妙。

子曰：「仁（頓），遠乎哉（虛斷承）？【起】
我欲仁（起），斯仁至矣（決承）。」【申承】

「欲仁仁至」，所以申「求仁不遠」之意也。

子曰：「泰伯（頓），其可謂至德也已矣（虛斷承）！【起】
三以天下讓（起），民無得而稱焉（承）。」【申承】

承辭申足其「可謂至德」之意也。凡申承，其「起詞」常爲「斷辭」而不盡以待申，故「申承」之與「斷承」，其起承相續，若倒置然。

子曰：「回也（頓），非助我者也（斷承），【起下申承】
於吾言無所不說。」

子曰：「孝哉（呼起）閔子騫（此亦申承，明「孝」稱之誰屬也。）！【虛斷起下申承】
人不間於其父母昆弟之言。」

此皆可倒言之，如云「回也，於吾言無所不說，非助我者也。」「閔子騫，人不間於其父母昆弟之言，可謂孝矣」之類是也。

子曰：「孰謂微生高直？【起】
或乞醯焉（起），乞諸其隣而與之（時承）。」【申承，見微生高之不足為直也。】

子在陳（起）曰：（時承，下皆申承「曰」字。）
「歸與歸與！【起】
吾黨之小子狂簡（起），斐然成章（申承「狂」字），不知所以裁之（申承「簡」字）。」
【申承「思歸」之意。】

此一節三申辭，可熟玩。

子入太廟（起），每事問（時承）。【起】或曰：（時承位轉）【下申承「曰」字。】「孰謂鄹人之子知禮乎（虛斷起）？入太廟每事問。」（申承「不知禮」意。）子聞之（時承位轉），曰△（時承位仍）：「是禮也。」（此於前節為斷承，於「曰」字為申承。）

子曰：「片言可以折獄者（頓），其由也與（虛斷承）！」【起】

子路無宿諾。【此記者補述以申承夫子之言也。】

子貢問曰：「有一言而可以終身行之者乎？」

曰：「其恕乎（虛斷承上作起）？己所不欲，勿施於人。」（此解釋字義為申承者。）

子在川上（起），曰（位仍承）：

「逝者（頓）如斯夫（虛斷承）【起】！不舍晝夜。」【申承「斯」字。】（兩句皆「曰」後申辭。）

此亦申釋字義者。

子貢曰：「紂之不善（頓），不如是之甚也（承斷）。【起】是以君子惡居下流，【承斷】

（以上起）

天下之惡皆歸焉。」（申承）

「天下之惡皆歸焉」一句，而紂之所以多被惡名，與夫君子之所以惡居下流之故皆見，是謂「一承雙申」之辭。

顏淵死，顏路請子之車以爲之椁。子曰：「才不才，亦各言其子也。鯉也死，有棺而無椁。吾不徒行以爲之椁，（下申承「不為之椁」之故。）以吾從大夫之後，不可徒行也。」

此與前引「是以」句，同爲言故，而申、斷有辨，細別之。

儀封人請見，曰：「君子之至於斯也，吾未嘗不得見也。」從者見之。出曰：「二三子何患於喪乎【起】？天下之無道也久矣（起），天將以夫子爲木鐸（決承）。」【申辭承】

季康子問政於孔子，曰：「如殺無道，以就有道，何如？」孔子對曰：「子爲政，焉用殺？【起】子欲善而民善矣。【申承「焉用殺」意。】君子之德風，小人之德草（對格排句起）。草上之風，必偃（總承決辭）。」【申承「欲善民善」意。】

此遞進申承以見意也。

子曰：「射不主皮（起），爲力不同科（申承，猶「以吾從大夫」句。），【兩句起下斷承】古之道也。」

子曰：「臧文仲（頓）其竊位者與（虛斷承）？【起下申承】知柳下惠之賢而不與立也。」

句法同「泰伯至德」諸句。

要上言之，承辭有並著、順及之別。並著者，謂之「位承」，論斷之句屬之。順及者，謂之「時承」，敍述之句屬之。而「位承」之句，復有申承、斷承、決承之不同。至是而「承」之大體略備。茲復舉起承相待爲變之式，以極其運用之致焉。

第三章　起承變用

起承變用云者，不盡於兩辭之一起一承，如上引諸式云云也。不盡於一起一承，則必一起數承，或數起一承，否卽數起數承可知也。茲分論之如下。

第一節　單起分承

起者一辭一事，承者數辭數事，則謂「單起分承」。如：

子不語【起】：怪（一），力（二），亂（三），神（四）。【四字申承】

「子不語」一辭一事，故云單起。「怪力亂神」四辭四事，凡以申說子所不語者爲何，故爲分承申辭。

又：

子之所慎【起】：齋（一），戰（二），疾（三）。【申承】

子罕言【起】利（一），與命（二），與仁（三）。【申承】

句法並同。凡茲起辭，多有總括下之所言，而爲計數之辭者。如：

子以四教【起】：文（一），行（二），忠（三），信（四）。【申承】

子絕四【起】：毋意（一），毋必（二），毋固（三），毋我（四）。【申承】

子曰：「君子有九思：【總起，下分九項申承。】視思明（一），聽思聰（二），色思溫（三），貌思恭（四），言思忠（五），事思敬（六），疑思問（七），忿思難（八），見得思義（九）。」

周有八士：【總起，下列舉八名申承。】伯達（一）、伯适（二），仲突（三）、仲忽（四），叔夜（五）、叔夏（六），季隨（七）、季騧（八）。

皆是。

曾子曰：「吾日三省吾身。【總起，下三項申辭分承。】爲人謀（起）而不忠乎（轉承）？【一承】與朋友交（起）而不信乎（轉承）？【二承】傳（頓）不習乎（承亦含轉意）？」【三承】

子夏曰：「君子有三變。【總起，下申承。】

望之儼然（一），卽之也溫（二），聽其言也厲（三）。」

子謂子產有君子之道四焉。【起，下四排承。】

其行己也恭（一），其事上也敬（二），其養民也惠（三），其使民也義（四）。（自子產以下至此，皆「謂」後申辭也。）

子曰：「君子道者三【起】，我無能焉。【斷承】

仁者不憂（一），知者不惑（二），勇者不懼（三）。」【申承「三道」】

子貢曰（時承位轉）：「夫子自道也。」（斷辭，承前「子曰」一節。）

孔子曰：「侍於君子有三愆。【總起，下三排申承。】

言未及之（頓）而言（轉承）【起】，謂之躁。【斷承】

言及之（頓）而不言（轉承）【起】，謂之隱。【斷承】

未見顏色（頓）而言（轉承）【起】，謂之瞽。」【斷承】

子曰：「君子有三戒。【總起】
少之時（頓），血氣未定（承），【起】戒之在色。【承】
及其壯也（承上作頓起），血氣方剛（承），【起】戒之在鬬。【承】
及其老也（頓），血氣既衰（承），【起】戒之在得。」【承】【以上三排申辭】

此皆總括計數，以爲起辭，而申說之。文雖繁變，而義法實一也。

子曰：「父母之年（頓），不可不知也（斷承）。【起】
一則以喜（一），一則以懼（二）。」【申承以明「不可不知」之故。】

子之燕居，【頓起】
申申如也（一），夭夭如也（二）。【申承以見子「燕居」之為容也。】

此以形容爲申辭，與諸引微歧。

子曰：「爲命，【起下申承】裨諶草創之（一），世叔討論之（二），行人子羽修飾之（三），東里子產潤色之（四）。」（四事皆「為命」所有事也，故亦申辭。）

子曰：「從我於陳蔡者（頓），皆不及門也（承）。【起，下四行分承。】德行（頓承）：顏淵（一），閔子騫（二），冉伯牛（三），仲弓（四）。【申承】言語（頓承）：宰我（一），子貢（二）。【申承】政事（頓承）：冉有（一），季路（二）。【申承】文學（頓承）：子游（一），子夏（二）。」【申承】（以上四排申承「從於陳蔡而不及門」者。）

此皆不爲統括計數之辭者，然義法仍同。由此觀之，則凡單起分承之句，其承大抵皆申承也。

子曰：「道千乘之國，【起】敬事而信（一），節用而愛人（二），使民以時（三）。」【三項分承，猶云當如此也。此近

斷辭。】

子曰：「關雎【頓起】樂而不淫（一），哀而不傷（二）。」【兩項分承，亦若斷辭。】

此不以申辭爲分承，然不多遘。

第二節　分起單承

起者數辭數事，承者一辭一事，則謂「分起單承」。如：

子曰：「剛（一），毅（二），木（三），訥（四），【分起】近仁。」【斷辭承】

「剛毅木訥」四辭四事分起，而總斷之曰「近仁」。故「近仁」一辭，爲總承斷辭。

微子去之（一），箕子爲之奴（二），比干諫而死（三）。【三排特起而句調略變】

孔子曰：「殷有三仁焉。」【斷辭承】

此章破空而起，誠聖門奇文也。兩「之」字指「殷」而先焉。

子曰：「視其所以（一），觀其所由（二），察其所安（三），【排句起】

人焉廋哉？人焉廋哉？」【斷承疊句，猶單承也。】

三「其」字指後「人」字，句法與前章略同。

子曰：「居上不寬（一），爲禮不敬（二），臨喪不哀（三），【三排分起】

吾何以觀之哉？」【虚斷承】

子曰：「默而識之（一），學而不厭（二），誨人不倦（三），【分起亦排句，前排「而」字，後排「不」字。】

何有於我哉！」【虛斷承】

子曰：「德之不脩（一），學之不講（二），聞義不能徙（三），不善不能改（四），【四事兩排起】

是吾憂也。」【正斷總承】

子曰：「狂而不直（一），侗而不愿（二），悾悾而不信（三），【起】

吾不知之矣。」【承】

子曰：「鳳鳥不至（一），河不出圖（二），【排句略變起】

吾已矣夫！」【疑辭承決】

子謂顏淵曰：「用之則行（一），舍之則藏（二），【對格排句起】

惟我與爾有是夫！」【疑辭承斷，「是」卽指前起句。】

句法略似。

曾子曰：「以能問於不能【一】，以多問於寡【二】，（兩句排）有若無【三】，實若虛【四】，（兩句排）犯（頓）而不校（轉承），【五】（單句）【以上五項分起】昔者（頓）吾友嘗從事於斯矣。」【斷承總辭，「斯」卽指五事。】

曾子曰：「可以託六尺之孤【一】，可以寄百里之命【二】，（排句）臨大節（頓）而不可奪也（轉承）【三】，（單句，「可」「不可」對。）【以上三事分起】君子人與？君子人也。」【斷承而一虛一實，彌饒姿態矣。】

此兩章起辭，變化略相似。

子曰：「出則事公卿【一】，入則事父兄【二】，（排句對格）喪事不敢不勉【三】，不爲酒困【四】，（排句而變）【以上四事分起】

何有於我哉！」【承】

此視「曾子曰」兩章又異。

原壤夷俟（起）。子曰（時承位轉）：

「幼而不遜弟（一），長而無述焉（二），老而不死（三），【排起】

是爲賊。」【斷辭總承】

以杖叩其脛。（承「曰」字，位仍。）

子曰：「可與言（頓）而不與之言（轉承）【起】，失人。【斷承】

不可與言（頓）而與之言（轉承）【起】，失言。【斷承】（以上兩排對起）

知者【頓】不失人（一），亦不失言（二）。【申承「知者」。】（斷辭總承）

此則分起單承之涉於繁變者矣。

子曰：「奢（頓）則不孫（承決）【一】，儉（頓）則固（承決），【二】（兩排起）
與其不孫也（頓），寧固（承斷）。」（總承）

子曰：「質勝文（頓）則野（承決）【一】，文勝質（頓）則史（承決）。【二】（兩排起）
文質彬彬（頓），然後君子（承斷）。」（總承）

此兩章文法略似。至如：

子夏曰：「日知其所無（一），月無忘其所能（二），【起】
可謂好學也已矣。」【承】

子夏曰：「博學而篤志（一），切問而近思（二），【起】
仁在其中矣。」【承】

子夏曰：「賢賢易色，【一】

事父母能竭其力【二】，事君能致其身【三】，（排句）

與朋友交，言而有信【四】。【分起】

雖曰未學（曲折），吾必謂之學矣。」【斷承】

是亦分起單承之格也。由此觀之，凡分起單承之格，其承句大率皆斷承也。斷辭之爲單承，與申辭之爲分承者，其前後格局，適若有顛倒相反之致。可細參之。

第三節　單起分承總結

承之變爲「結」，「結」猶承也。故「分承總結」云者，分承之而又總承之也。蓋合前舉兩式而並用之。如：

子所雅言【起】，詩（一）書（二）執禮（三）。【申辭承】

此單起分承式也。

詩（一）書（二）執禮（三）【分起】，皆（子所）雅言也。【斷辭承】

此分起單承式也。「詩、書、執禮」三辭，自「皆雅言」句言，則爲起辭。自「子所雅言」句言，則爲承辭。「皆雅言也」句，自「詩、書、執禮」三辭言之，則爲總承之辭。自全節言之，則爲結收之辭。結猶承也。故合言之，則

子所雅言（起），詩、書、執禮（三項分承），皆雅言也。（總結）

爲單起分承總結之辭。

又：

子曰：「君子之於天下也，【起下三句承】

無適也（一），無莫也（二），【排句】義之與比。」【單總】

此猶云：「君子之於天下也，義之與比。」斷承辭也。中揷「無適」「無莫」兩句，所以申足「惟義與比」之意者，故統爲承辭也。

子曰：「由，誨汝知之乎！【起以下承】
知之爲知之（一），不知爲不知（二），【對格排句分起】是知也。」【斷承】

子曰：「君子【頓】謀道（一）不謀食（二）。【分承】（起下承）
耕也（頓），餒在其中矣（承決）。【一】學也（頓），祿在其中矣（承決）。【二】（對格排調分起）
君子【頓】憂道（一）不憂貧（二）。」【分承】（總結）

章法大略相同。

子曰：「君子（頓）食無求飽【一】，居無求安【二】，（排句）

敏於事（一）而慎於言（二）【三】，就有道而正焉【四】，（二句排在「而」字。）【四行分承，「君子」總爲一節起辭。】

可謂好學也已。」【斷辭總結】

此「單起」「分承」相合作「起」，而總結承之，與前舉又稍歧矣。

子曰：「君子【頓】義以爲質（一），禮以行之（二），孫以出之（三），信以成之（四），【排承】（以上起）

君子哉！」（虛斷結）

子張曰：「士（頓）見危致命【一】，見得思義【二】，（排在「見」。）

祭思敬【三】，喪思哀【四】，（排在「思」。）【以上起】（凡排句脱卸轉變處須玩。）

其可已矣。」【虛斷結】

章法亦略相似。

子曰：「賢哉（呼起）回也（申承）！【起下申承】一簞食（一），一瓢飲（二），【食】在陋巷。【居】（「食」「居」對起。）人不堪其憂（一），回也不改其樂（二）。（對格排調承「食」「居」兩層言。）【以上一節承】賢哉回也！」【呼應結】

此以章法略近前引，故並及之。

第四節　分起分承

「分起分承」者，起各有承，承各有起，數起數承，相配成文之謂也。夫數起數承之相配，必有其爲配之道。其道維何？亦曰「對」之與「排」二者而已。茲分述之如下。

甲　對文

子曰：「邦有道【起】，危言（一）危行（二）。【分承】

邦無道【起】，危行（一）言孫（二）。」【分承】

此以「有道」「無道」爲對，而對各自爲起承者也。

子曰：「道之以政（一），齊之以刑（二），【分起】

民免（頓）而無恥（轉承）。【承】

道之以德（一），齊之以禮（二），【分起】

有恥（頓）且格（轉承）。」【承】

此以「有恥」「無恥」爲對，而對各自爲起承也。前爲單起分承，此爲分起單承，而其所以爲對之道則一。

乙　排文

子夏爲莒父宰（起），問政（承，位仍。）。

子曰：「無欲速（一），無見小利（二）。【分起，排在「無」字。】欲速（頓）則不達（承決）【承一】，見小利（頓）則大事不成（承決）。」【承二】【分承，排在「則」字。】

此「起」與「起」排，「承」與「承」排，而起承分應者也。

子張曰：「執德不弘（一），信道不篤（二），【分起，排「不」字。】焉能爲有（一）？焉能爲無（二）？」【分承，排「焉能為」字。】

此亦「起」與「起」排，「承」與「承」排，而起承合應者也。

顏淵死，門人欲厚葬之。子曰：「不可！」門人厚葬之。子曰：「回也，視予猶父也（一），予不得視猶子也（二）。【排句對起】非我也（一），夫二三子也（二）。」【排承】

筆意同上，然此例不多見。

子曰：「不知命（起），無以爲君子也。（斷承）不知禮（起），無以立也。（斷承）不知言（起），無以知人也。」（斷承）

此亦起、承各自爲排，而三節又自有其一排順及之致者。

子曰：「學而時習之（起），不亦悦乎？（承）有朋自遠方來（起），不亦樂乎？（承）人不知而不愠（起），不亦君子乎？」（承）（三節承句，排「不亦乎」字。）

此亦節自爲排，而惟排承句者。故「對」之爲用拘，而「排」之取勢寬。「對」之工便於字句，而「排」之變極於篇章。且亦有意相對而文則排者，亦有文成排而意亦對者，則固不可以一二例泥也。（參觀前論對格排句。）要在默喻其氣脈之所以相貫注者爲何如，則得之矣。今復詳爲引論以資推求，此實古人文字之祕所在。學者當尤盡心也。

第四章　排對之文

子曰：「吾【頓總起】十有五而志於學（一），三十而立（二），四十而不惑（三），五十而知天命（四），六十而耳順（五），七十而從心所欲不踰矩（六）。」【以上六排承】

此節自爲排而統爲一承者。

子曰：「三人行（起），必有我師焉（承決）。【起】擇其善者而從之（一），其不善者而改之（二）。」【申承「必有」之意也，為對格排句。】

此亦排承。

曾子曰：「吾聞諸夫子，（起，下申承所聞。）孟莊子之孝也【總起】，其他（頓）可能也（承斷）【一】。其不改父之臣與父之政（頓），是難能也（承斷）。」【二】（「其」字「也」字切調，「可能」「難能」相對。）

宰我問曰：「仁者（頓起）雖告之曰『井有仁焉』，其從之也（承）？」（「井有仁焉」謂入井而得仁也。「也」猶「耶」。）子曰（時承位轉）：「何爲其然也？君子【頓起】可逝也，不可陷也（對句排）。【一】可欺也，不可罔也。」【二】

此均排承。

子語魯太師樂，曰：「樂其可知也。（下申承「可知」意。）始作，翕如也。從之，純如也，皦如也，繹如也。以成。」

此又排承而加變。

葉公問孔子於子路（起），子路不對（位轉承）。子曰（再轉承）：「女奚不曰：（下俱申辭。）『其爲人也【頓起】，發憤忘食（一），樂以忘憂（二），【排承】不知老之將至云爾。』」【總收】

此亦排承而加一總。

子夏問孝，子曰：「色難。【起下承】有事，弟子服其勞（一），有酒食，先生饌（二），【分起排句】曾是以爲孝乎？」【反斷總承】

子曰：「蓋有不知而作之者（起），我無是也（承斷）。【起下承】

多聞（頓），擇其善者而從之（承），【一】多見（頓，中略四字。）而識之（承）【二】，知之次也。」【總承，與「不知」對。】

子曰：「誦詩三百，【起】授之以政（起），不達（承）。【一】使於四方（起），不能專對（承）。【二】【兩項承】雖多（曲折），亦奚以爲？」【承斷】

章法略近，可與二章三節互參。

季康子（頓）問（承）：「（下申辭。）使民敬忠以勸，如之何？」【此上總起下分承】子曰：「臨之莊（起）則敬（承決）。【應「敬」字。】孝慈（起）則忠（承決）。【應「忠」字】舉善而教不能（起）則勸（承決）。」【應「勸」字。】

此爲總起分承之文。而承辭三排，排在其虛字之斡旋於起承之間者，故亦可謂之排句。

定公問：「君使臣（一），臣事君（二），如之何？」（申「問」字。）【起下分承】

孔子對曰：「君使臣以禮【一】，臣事君以忠【二】。」

略似前章。

曾子曰：「士（頓）不可以不弘毅（承斷）【起】，任重（一）而道遠（二）。【申承，下再申。】仁以爲己任（起），不亦重乎（承）？【一】死而後已（起），不亦遠乎（承）？」【二】

此一起分承而重申之者也。

子張問仁於孔子。孔子曰：「能行五者於天下，爲仁矣。」【總起，下五項分承。】請問之。曰：

「恭、寬、信、敏、惠。（總起申上。下再申。）恭（頓）則不侮（決承）【一】，寬則得衆【二】，信則人任焉【三】，敏則有功【四】，惠則足以使人【五】。」

此亦再申。

子曰：「由也（頓）！女聞六言六蔽矣乎？」對曰：「未也。」「居！吾語女。【以下六項申承】

好仁不好學（起），其蔽也愚（斷承）。【一】好智不好學，其蔽也蕩【二】。好信不好學，其蔽也賊【三】。好直不好學，其蔽也絞【四】。好勇不好學，其蔽也亂【五】。好剛不好學，其蔽也狂【六】。」

亦排承分申，餘若：

伯牛有疾，子問之，自牖執其手，曰：「亡之（起），命矣夫（虛斷承）！【起下申承】

斯人也（頓）而有斯疾也（轉承）【一】！斯人也而有斯疾也！」【二】（含意盡兩「斯」字中。）

此疊句以爲排也。

子貢曰：「君子之過也，如日月之食焉。【正譬排句起】過也（頓），人皆見之（承）。【一】更也（頓），人皆仰之（承）。」【二】【排句申承】

子貢問爲仁。子曰：「工欲善其事（設辭起），必先利其器（斷承）。【側注排句為喻起】居是邦也，事其大夫之賢者（一），友其士之仁（二）。」【並立排句為正承】

周公謂魯公曰：「君子【頓總起】不施其親【一】，不使大臣怨乎不以【二】。故舊無大故，則不棄也【三】。無求備於一人【四】。」（四項順及，皆以反辭。）

邦君之妻【頓總起】，君稱之曰「夫人」【一】，夫人自稱曰「小童」【二】。邦人稱之曰「君夫人」（一），稱諸異邦曰「寡小君」（二），【三】異邦人稱之，亦曰「君夫人」【四】。（「亦」字關係。）

此皆**排承**也。

子曰：「禹（頓），吾無間然矣（承斷）。【起】菲飲食（起）而致孝乎鬼神（轉承）【一】，惡衣服而致美乎黻冕【二】，卑宮室而盡力乎溝洫【三】。（三排申承，句法略同「季康子問」節。）禹，吾無間然矣。」（重言讚嘆，極低徊嚮往之致。）

此排承而又複應者也。

子曰：「小子何莫學夫詩？【起下申承】詩（頓總起）可以興【一】，可以觀【二】，可以羣【三】，可以怨【四】。（排句。）邇之事父【五】，遠之事君【六】。（排句。）多識於鳥獸草木之名【七】。」（七項申承「詩」字。）

此排承而三變其調者。

子路曰：「君子尚勇乎？」【起，下位轉承。】

子曰：「君子義以爲上（起）。君子有勇而無義（起）爲亂（断承）【一】，小人有勇而無禮爲盜。」【二】（兩排申承，而「小人」一項，由「君子」而順及之。）

此單起分承之變格也。

子曰：「不仁者【頓】，不可以久處約（一），不可以長處樂（二）。【承斷】（排句，「約」與「樂」對。）【以上起，下承。】仁者（與不仁者對）安仁（一），知者利仁（二）。」（排句，「知者」自「仁者」而順及。）

此視上引較變。

子張問明。子曰：「浸潤之譖（一），膚受之愬（二），不行焉（總承），【起】可謂明也已矣。【斷承】浸潤之譖，膚受之愬，不行焉，可謂遠也已矣。」（「明」「遠」兩排承「子張問」。）

此以問「明」而順及於「遠」，亦單起分承之變格也。

子張問：「士（頓）何如斯可謂之達矣（承）？」（申「問」字。）【起】

子曰：「何哉（頓），爾所謂達者（申「何」字。）？」子張對曰：「在邦必聞（一），在家必聞（二）。」（二句排。）

子曰：「是聞也（一），非達也（二）。【對格排句總起，下分承。】

夫達也者【提起】，質直而好義（一），察言而觀色（二），（排句。）慮以下人（三）。【三項申承「達」者。】

在邦必達（一），在家必達（二）。【二句排，決辭承上。】（此論「達」為一節。）夫聞也者【提起】，色取仁而行違，居之不疑。【申承】在家必聞（一），在邦必聞（二）。」【決辭承】（此論「聞」為一節，與論「達」節對立。）

此亦以「達」及「聞」，與前同意，而益變焉者。凡諸所引，大率皆排承也。

閔子騫侍側（起），誾誾如也（承）。【一】子路（省），行行如也。【二】冉有、子貢，侃侃如也。【三】（三排分起）子樂。（總承）（以上為一節，下承。）

曰（位承）：「若由也（特提作起），不得其死然！」（斷承）

此分起單承之變格也，與前引義法，適得其反。

仲弓爲季氏宰，問政。子曰：「先有司【一】，赦小過【二】，擧賢才【三】。」（此雖無關係之字，而句調整齊，亦為排句。）

曰：「焉知賢才而擧之？」【單承「賢才」作起。】曰：「擧爾所知（起），爾所不知，人其舍諸（承）？」【承】

此視前略似。

子曰：「聖人（頓），吾不得而見之矣（承）！【起】得見君子者斯可矣！」【承】

子曰：「善人，吾不得而見之矣【起】！得見有恆者斯可矣！【承】（兩排對起，以下單承「有恆」。）

亡而爲有（一），虛而爲盈（二），約而爲泰（三），【排句起】難乎有恆矣。」【承斷】

此又分起單承。

子張問行。子曰：「言忠信（一），行篤敬（二），【排句起】雖蠻貊之邦（曲折）行矣。【承決】言不忠信（一），行不篤敬（二），【排起】雖州里（曲折）行乎哉？【反決承】（以上兩排對起。）立（頓）則見其參於前也（承）【一】，在輿（頓）則見其倚於衡也（承），【二】（排句起）夫然後行。」（決承）（此一節單承「行」而「不行」自見。）子張書諸紳。

此亦然。

哀公問社於宰我（起）。宰我對曰（承）：「夏后氏以松（一），殷人以柏（二），周人以栗（三）。【三排分起】曰：『使民戰栗。』」【單承「周人」句。】（此一節起，下位轉承。）

子聞之（關係字）曰：「成事不說（一），遂事不諫（二），既往不咎（三）。」

此起、承各自成排，而合爲應答者。略似「子張曰執德不弘」節。

顔淵問爲邦。子曰：「行夏之時【一】，乘殷之輅【二】，服周之冕【三】，樂（頓）則韶舞（承）【四】（單句變調）。放鄭聲【五】（意自上句順及），遠佞人【六】。（對格排句）【六項答，承上問。】鄭聲淫（一），佞人殆（二）。」【對格排句申辭】

此單承之爲變益進矣。文之不可拘，而有竢乎好學深思者自得之，類如此也。

子貢問曰：「鄉人皆好之（起）何如（承）【起】？」子曰：「未可也。」【斷承】「鄉人皆惡之何如【起】？」子曰：「未可也。【承】（一節，反正兩排對起。）不如鄉人之善者好之（一），其不善者惡之（二）。」（一節，兩句對格排調為斷承。）

此亦爲分起單承，可與二章二節互觀。凡此又皆以排而爲起者也。

有子曰：「信近於義【起】，言可復也。【申承】（「言」猶「為」，明所以當「近於義」之故。）

恭近於禮【起】，遠恥辱也。【申承】（明所以當「近於禮」之故。）

因不失其親【起辭調變】，亦可宗也。」【斷承】

此則節自爲排而成章者也。中以一「亦」字斡旋於兩申一斷之間。當細參。

子曰：「可與共學未可與適道（一），可與適道未可與立（二），可與立未可與權（三）。」

此亦節自爲排而遞進者。

子曰：「生而知之者上也（一），學而知之者次也（二），困而學之，又其次也（三），困而不學，民斯爲下矣（四）。」

此四排順下，而末則微變。機調轉卸可翫。

顔淵、季路侍。子曰：「盍各言爾志？」（總起，下分承。）
子路曰：「願車馬衣輕裘與朋友共，敝之而無憾。」【一】
顔淵曰：「願無伐善，無施勞。」（排句）【二】（兩排承，下轉。）
子路曰：「願聞子之志。」（仍以「願」字關聯。）子曰：「老者安之，朋友信之，少者懷之。」（排句）

此三排末變，視前益流宕矣。

子張問：「十世可知也？」（申承「問」字。）（起）
子曰：「殷（頓）因於夏禮【起】，所損益（頓）可知也（斷承）。【承】
周因於殷禮，所損益可知也。（兩排整）

其或繼周者，雖百世可知也。」（末排順及調變）

此三排爲一承也。

子（頓總起）謂（承）（起，下申「謂」字。）韶【頓】：盡美矣（一），又盡善也（二）。【承】

謂（位仍承）武【頓】：盡美矣（一），未盡善也（二）。【承】

此兩排爲一承，調整而意側也。

子謂衛公子荆善居室（起）。始有（頓），曰：「苟合矣（承）。」【一】少有，曰：「苟完矣。」【二】富有，曰：「苟美矣。」【三】（三排申承而遞進）

又：

子適衛，冉子僕。子曰：「庶矣哉！」

冉有曰：「既庶矣（頂承作起），又何加焉？」曰：「富之。」

曰：「既富矣，又何加焉？」曰：「教之。」

此均排文遞進。

子游曰：「事君數（起），斯辱矣。（決承）

朋友數（起），斯疏矣。」（決承）

此兩排成文。

子問公叔文子於公明賈，曰：「信乎夫子不言、不笑、不取乎？」（起）

公明賈對曰：「以告者過也。（承上斷辭，起下申承。）

夫子（頓總起）時然後言【起】，人不厭其言【承】。（申「不言」一）樂（起）然後笑（承）【起】，人不厭其笑【承】。（申「不笑」二）義然後取，人不厭其取。」（申「不取」

三）（以上三排分承）

子曰：「其然（虛斷一頓），豈其然乎？」（掉轉，亦對格排句之變。）

此中含三排成文者。

孟武伯問：「子路仁乎【起】？」子曰：「不知也。」【承】又問【再起】，子曰：「由也（頓起），千乘之國可使治其賦也（承），不知其仁也（再承）。」【「由」一節。】「求也何如【三起】？」子曰：「求也，千乘之國（一），百乘之家（二），可使爲之宰也，不知其仁也。」【「求」一節。】「赤也何如【四起】？」子曰：「赤也，束帶立於朝，可使與賓客言也，不知其仁也。」【「赤」一節。】

此三排成文，整而不板，至可法也。

季康子問：「仲由可使從政也與【起】？」子曰（位轉）：「由也（頓）果（承斷）【起】，於從政乎何有【承斷】？」【此論「仲由」一節。】

曰：「賜也可使從政也與【承前再起】？」曰：「賜也達，於從政乎何有？」【此論「賜」一節。】

曰：「求也，可使從政也與【承前三起】？」曰：「求也藝，於從政乎何有？」【此論「求」一節。】

章法略同前引。凡皆以節成排者也，則有排以爲起，排以爲承，又有起承爲一節而復排他節以成章。蓋「排」之爲用於篇章者如是。又復參以「對」格，則綴文之道益無窮矣。

則請進而益論之。

子曰：「我（頓總起）非生而知之者【一】，好古（頓）敏以求之（承）者也【二】。」

此亦排句，而一是、一非爲對。

闕黨童子將命，或問之曰：「益者與？」

子曰：「吾見其居於位也（一），見其與先生並行也（二）【排句起】

非求益者也（一），欲速成者也（二）。」【對格排句承】

此亦起、承各自爲排而合應也。

柳下惠爲士師，三黜。人曰：「子未可以去乎？」

曰：「直道而事人（起），焉往而不三黜？（承）

枉道而事人（起），何必去父母之邦？」（承）

此又對格排承之顯見者。

林放問禮之本，（起）

子曰：「大哉（起）問（申承「大」。）！（虛斷起，下承實對所問。）

禮【頓】，與其奢也（設辭頓起），寧儉（斷承）。【承】（禮，吉禮。一〇）

喪【頓】，與其易也（設辭頓起），寧戚（斷承）。」【承】（喪，凶禮。二。）

「禮」與「喪」對，「奢」與「儉」對，「易」與「戚」對，亦對格排承，而加變可觀。

哀公問曰：「何爲則民服？」

孔子對曰：「舉直（一）錯諸枉（二），【對格排起】則民服。【承決】

舉枉（一）錯諸直（二），【對格排起】則民不服。」【承決】

「舉」「錯」對也，「枉」「直」對也。「舉枉」「錯直」之與「舉直」「錯枉」，又對也。「服」「不服」，亦對也。是亦對格排承也。

子張學干祿。（此起下統承）

子曰：「多聞（頓）闕疑（一），慎言其餘（二）（承），【起】則寡尤。【承決】多見（頓）闕殆（一），慎行其餘（二）（承），【起】則寡悔。【承決】（兩排整起，下承。）言寡尤（一），行寡悔（二），（對格排句，頂承作起。）祿在其中矣。」（決辭總承）

此亦對格排調之文，「見」「聞」、「言」「行」爲對，「多闕」「愼其」「則寡」爲排。

子貢曰：「貧（頓）而無諂（轉承）【一】，富（頓）而無驕（轉承）【二】，（對格排句分起。）何如？」（此上起，下承。）

子曰：「可也。（斷承後，轉深一層。）未若貧（頓）而樂（轉承）【一】，富（頓）而好禮（轉承）【二】者也。」（此亦對格排調。）（此一節承。）

此一問一答爲合起合承，而自有其可分。又統爲對格排調之句，故能氣宕而局整也。

孟懿子問孝【起】。子曰（時承位轉）：「無違。」【承】（此一節起，下轉承。）

樊遲御【起】，子告之曰：「孟孫問孝於我，我對曰『無違』。」【複舉承】

樊遲曰【承上起】：「何謂也？」子曰：【以下「曰」後申辭】

「生（頓起），事之以禮。（承）

死（頓起），葬之以禮（一），祭之以禮（二）。」（排承）

「生」「死」爲一對，「事以禮」「葬以禮」「祭以禮」爲三排。而「葬」「祭」又自與「事」爲排。蓋文之不可拘，而猶可稱學者如此。

子曰：「甯武子（頓起），邦有道（起）則知（承）【一】，邦無道則愚。【二】（對格排句承）（以上為起，下分承。）其知（頂承「知」）可及也（斷承）【一】。其愚（頂承「愚」）不可及也（斷承）。」【二】（亦對格排承）

子曰：「巧言（一），令色（二），足恭（三），【起】左丘明恥之（一），丘亦恥之（二）。【承】匿怨（頓）而友其人（承）【起】，左丘明恥之，丘亦恥之。」【承】

均對格排調。

子曰：「古者（頓）民有三疾（承）【起】，今也（頓）或是之亡也（承）。【承】（兩句對格起，下分承。）古之狂也（頓）肆（承），今之狂也蕩。【一】古之矜也廉，今之矜也忿戾。【二】古之愚也直，今之愚也詐而已矣。」【三】（加「而已矣」三字可翫。）（以上三排對格申承。）

此通體以對格排調行文者。

子曰：「君子（頓）易事（一）而難說（二）也（承）。【起】說之不以其道（設辭起），不說也（承斷）。【申承「難說」。】及其使人也（頓），器之（承）。【申承「易事。」】小人（頓）難事（一）而易說（二）也（承）。【起】說之雖不以道（起），說也（承斷）。【申承「易說」。】及其使人也（轉入「事」起），求備焉（承）。」【申承「難事」。】

「君子」「小人」，對也。「難事」「易說」之與「易事」「難說」，又對也。而「難事」復與

「易說」對。「難說」復與「易事」對。而句調無往而不順，是爲對格排調之重規疊矩而可見者。較之「哀公問民服」章尤可翫矣。凡此皆運對格於排調之中者也。

季路問事鬼神（起），子曰（位轉）：「未能事人，焉能事鬼（排句側注）？」（此「問事鬼神」為一節。）

曰：「敢問死？」曰：「未知生，焉知死？」（此「問死」為一節。）

此則兩節對立，而氣調順及，可謂運排調於對格也。

樊遲問知（起），子曰（位轉）：「務民之義【一】，敬鬼神（頓）而遠之（轉承），【二】（兩項分起，下總斷承。）

可謂知矣。」（此論「知」一節。）

問仁，曰：「仁者【頓起】，先難（一）而後獲（二），【承】（起）

可謂仁矣。」（此論「仁」一節。）

義法略近前引。

互鄉難與言，童子見，門人惑。子曰：「與其進也，不與其退也【排句對格起】。唯何甚【承斷】？（起，下承。）人潔己以進【承上起】，與其潔也，不保其往也【排句對格承】。」

此兩節對立，而爲蜂腰中束之格。文有以複取姿者，此類是也。

子貢問曰：「君子亦有惡乎【起】？」子曰：「有惡【承】。惡稱人之惡者（一）。惡居下流而訕上者（二）。惡勇而無禮者（三）。惡果敢而窒者（四）。」【四排句申承「有」字。】（此論君子所惡為一節。）曰：「賜也亦有惡乎（「亦」字關係）【起】？」「惡徼以爲知者（一）。惡不遜以爲勇者（二）。惡訐以爲直者（三）。」【三排申承】（此子貢所惡為一節。）

竟體排句，而意境實重對格，當翫。

子曰：「見善如不及（一），見不善如探湯（二）。【對格排句起】吾見其人矣（一），吾聞其語矣（二）。【對格排句承】隱居以求其志（一），行義以達其道（二）。【對格排句起】吾聞其語矣（一），未見其人也（二）。」【對格排句承】（起下接法玄遠可喜。）

此通體以對格排文也。

齊景公有馬千駟【起】，死之日（起），民無德而稱焉（位轉承）。【承】伯夷、叔齊餓於首陽之下【起】，民到於今稱之。【承】（兩節對舉起。）其斯之謂與？（一句攝盡，有言外虛神。）

此亦運排比於對偶之中，而益盡變。

子謂（以下承「謂」申辭。）公冶長（頓起）「可妻也（承斷），【起】雖在縲絏之中（曲筆起），非其罪也（斷承）。」【申承「可妻」意。】

以其子妻之。（位仍承「謂」字。）

子謂南容【頓起】「邦有道（頓）不廢（承），【一】邦無道（頓）免於刑戮（承）。」【二】

【對格排承】

以其兄之子妻之。（位仍承「謂」字）

此兩段整而不板，最可悟入。

子張問曰：「令尹子文（頓起）三仕爲令尹（起），無喜色（承）。【一】三已之（起），無慍色（承）。【二】（排句）舊令尹之政（頓），必以告新令尹（承）。【三】（三項分承，下總收。）何如？」子曰（位轉）：「忠矣！」（一句斷）

曰：「仁矣乎？」（從「忠」字轉出。）曰（位轉）：「未知，（頓，下憑虛掉轉。）焉得仁？」（一句斷）【此論子文為一節。】

「崔子弑齊君。（下位轉。）陳文子有馬十乘，棄而違之。至於他邦，則曰：『猶吾大夫崔子也。』違之。

至一邦，則又曰：『猶吾大夫崔子也。』違之。（以上排。）何如？」子曰：「清矣！」

（一句斷）

曰：「仁矣乎？」曰：「未知，焉得仁？」（再斷）【此論陳文子為一節。】

此兩大段對立，而以「仁」字爲關鎖也。

陳亢問於伯魚曰：「子亦有聞乎？」對曰：「未也。（下兩段申承「未」義。）嘗獨立，鯉趨而過庭，曰：『學詩乎？』對曰：『未也。』曰：『不學詩，無以言。』鯉退而學詩。【聞詩為一節。】他日，又獨立（「又」字關係），鯉趨而過庭，曰：『學禮乎？』對曰：『未也。』（兩對曰「未也」，與起處呼應。）『不學禮，無以立。』鯉退而學禮。【聞禮為又一節。】（以上兩節，對格排調之整齊者。）聞斯二者矣。」（總承）陳亢退而喜曰：「問一得三【起】，聞詩（一），聞禮（二），又聞君子之遠其子也（三）。」【排句申承】

此中兩節整對而不板滯，爲有排調參乎其間故也。

子曰：「直哉（起）史魚（申承）！【起】邦有道（頓）如矢（承），【一】邦無道（頓）如矢（承）。【二】【對格排句申承】（此節論史魚「直」。）

君子哉（起）蘧伯玉（申承）！【起】邦有道（頓）則仕（承），【一】邦無道（頓）則可卷而懷之（承）。」【二】【對格排句申承】（此節論蘧伯玉「君子」。）

此亦兩扇整對而不板，可取法也。

宰予晝寢（起）。子曰（承）：

「朽木（頓）不可雕也（承斷），【一】糞土之牆（頓）不可杇也（承斷）。【二】【喻辭起】

於予與何誅！」【承出正意】

子曰：（意猶承上者，別起。）

「始（頓）吾於人也（承），【頓起】聽其言（一）而信其行（二）。【承】

今（頓）吾於人也（承），【頓起】聽其言（一）而觀其行（二）。【承】（憑虛兩排特起）

於予與改是。」（一句拍應前節，通體靈動，兩「於予與」相關照，尤有遠神，誠可謂聖門之至文也。）

此篇罄控無方，極馳驟之能事。而節節參以排句，故文氣動宕，然不失格局之嚴整。而兩結統以「於予與」爲關鎖，尤有兩陣對壘盪決出入而鼓旗儼然之概，眞大觀也。

子曰：「南人有言曰：『人而無恆，不可以作巫醫。』（起）善夫（承斷）！」【此一節起。】

（易曰：）『不恆其德，或承之羞。』（起）

子曰（「子曰」二字易置於此，變化無方。）：「不占而已矣。」（承斷）【此一節承。】

此起承兩節各引成語而加以斷辭者。較之前引，長短迥殊，然其變換可喜一也。

顏淵問仁（起）。子曰：「克己復禮爲仁。」（承）【此一節爲起。】

顏淵曰：「請問其目（起）。」子曰：「非禮勿視，非禮勿聽，非禮勿言，非禮勿動。」

（整排四句）（承）

顏淵曰：「回雖不敏（曲折），請事斯語矣。」【此一節為承。】

仲弓問仁（起）。子曰（承）：「出門如見大賓【一】，使民如承大祭【二】，（整排句。）己所不欲，勿施於人【三】。在邦無怨【四】，在家無怨【五】。」（整排句。）【以上五項承為一節。】

仲弓曰：「雍雖不敏（曲折），請事斯語矣。」【此一節為承。】

此以兩章首尾遙遙照應，以爲對偶者也。是不惟字與字可對，句與句可對，節與節可對，雖至於異章別篇，又可以對格排調之意行其間也。至是而綴文比辭之能事，可謂盡之矣。

司馬牛問仁。子曰：「仁者（頓），其言也訒（斷承）。」【以上起】曰：「其言也訒（頂承作起），斯謂之仁已乎（疑問斷承）？」子曰：「爲之難（起），言之得無訒乎（反斷承）？」【此為承】

司馬牛問君子。子曰：「君子（頓）不憂不懼（斷承）。」【以上起】曰：「不憂不懼（頂上作起），斯謂之君子已乎（疑問斷承）？」子曰：「内省不疚（反），夫何憂何懼（反斷承）？」【此為承】

此兩章以曲折往復遙相照應，以爲對偶也。

子曰：「鄉原，德之賊也。」

子曰：「道聽而塗説，德之棄也。」

亦兩章照顧成排。

孔子曰：「益者三友（一），損者三友（二）。【排句對起】友直，友諒，友多聞（起），益矣（承）。【承「益友」。】友便辟，友善柔，友便佞（起），損矣（承）。」【承「損友」。】

孔子曰：「益者三樂，損者三樂。樂節禮樂，樂道人之善，樂多賢友，益矣。樂驕樂，樂佚遊，樂晏樂，損矣。」

兩章亦對立照應。

子曰：「侍於君子有三愆。言未及之而言，謂之躁。言及之而不言，謂之隱。未見顏色而言，謂之瞽。」

孔子曰：「君子有三戒。少之時，血氣未定，戒之在色。及其壯也，血氣方剛，戒之在鬬。及其老也，血氣既衰，戒之在得。」

孔子曰：「君子有三畏。畏天命，畏大人，畏聖人之言。小人不知天命而不畏也，狎大人，侮聖人之言。」（「小人」「君子」對文。）

此三章文法一排順及，而最後則參變焉。可見篇章前後之綴屬，與字句節段之相繫，其義法實相似也。

子曰：「不憤【起】不啓。【承】
不悱【起】不發。【承】
舉一隅（起）不以三隅反（承），【起】則不復也。」【承】

三節統以「不」字切調，而「則」字「也」字所以斡旋而見變也。

祭如在（一），祭神如神在（二）。
子曰：「吾不與祭，如不祭。」（三）

此排在「如」字。而「子曰」下自以「不」字成排。

棘子成曰：「君子質而已矣！何以文爲？」子貢曰：「惜乎！夫子之說君子也，駟不

及舌。（下申承）

文猶質也（一），質猶文也（二）。【對起正文】虎豹之鞹，猶犬羊之鞹（三）。」【排承譬辭】

排在「猶」字。此均以一字而牽搭也。

子曰：「禮云禮云【疊句起】，玉帛云乎哉？【承斷】樂云樂云，鐘鼓云乎哉？」（禮、樂兩節對格排調。）

此以「云」字排文，而適得文情者。

子曰：「不曰『如之何如之何』者（起），吾末如之何也已矣。」（承）

此以「如之何」三字排文，而適得文情者。

子曰：「巍巍乎！舜、禹之有天下也，而不與焉。」（文氣遥接下章。）

子曰：「大哉！堯之爲君也（起）。巍巍乎！唯天爲大，唯堯則之。（承）【起】蕩蕩乎！民無能名焉。【承】（此上三句一節起。）巍巍乎！其有成功也。（一）煥乎！其有文章。（二）」（分申「大」字。）

此統以嘆字排文，而咏嘆淫佚，有弦外之音。文貴相題施辭，大略如此。

子路問曰：「何如斯可謂之士矣？」子曰：「切切、偲偲、怡怡如也，可謂士矣。（起下分承）朋友切切、偲偲，兄弟怡怡。」

此以疊字排文。

子擊磬於衛。有荷蕢而過孔氏之門者，曰：「有心哉！擊磬乎！」（虛斷一頓，下轉。）既而曰：「鄙哉！硜硜乎！（「哉」「乎」句調前後相應。）

莫己知也，斯已而已矣。深則厲，淺則揭。」（排承）

子曰：「果哉！（「哉」字呼應。）末之難矣。」（「矣」字變調。）

此以句調前後相呼應也。

子路曰：「衞君待子而爲政，子將奚先？」子曰：「必也正名乎？」

子路曰：「有是哉！子之迂也。奚其正？」子曰：「野哉由也！（與「有是哉」「迂也」相對應。）君子於其所不知，蓋闕如也。（申承「野」字意，下正論「正名」。）名不正【設辭起】，則言不順【承決】。言不順，則事不成。事不成，則禮樂不興。禮樂不興，則刑罰不中。刑罰不中，則民無所措手足。（排句遞承）故君子（總斷承）名之必可言也，言之必可行也。（排句遞承）君子於其言，（與「於其所不知」首尾關鎖，對應之文。）無所苟而已矣。」（斷結）

此亦句調相照應牽搭以行文也。

子曰：「天下有道（起），則禮樂征伐自天子出。（承決）
天下無道（起），則禮樂征伐自諸侯出。（承決）【二節對格排調並起。】
自諸侯出（單承第二項作起），蓋十世希不失矣。（承決）
自大夫出（承上順及言之），五世希不失矣。
陪臣執國命（意亦順及而調變），三世希不失矣。【以上三排遞進，承第二項。】
天下有道（重提起句，轉到第一項。），則政不在大夫。（承決）
天下有道，則庶人不議。」（承前順及言之。）【亦兩排遞進，承第一項。】

此章所引，前論諸式大略皆備，而轉卸極自然之致。

孔子曰：「祿之去公室，五世矣。政逮於大夫，四世矣。【對格排句起】
故夫三桓之子孫微矣。」【承】（「矣」字切調，與前章相呼應。）

此氣脈遠承前章而爲言也。

子張問於孔子曰：「何如斯可以從政矣？」子曰：「尊五美（一），屏四惡（二），斯可以從政矣。」【總起，下分承。】

子張曰：「何謂五美？」子曰：「君子惠而不費（一），勞而不怨（二），欲而不貪（三），泰而不驕（四），威而不猛（五）。」【申承「五美」，下再申承。】子張曰：「何謂惠而不費？」（此亦散起單承也。）子曰：「因民之所利而利之，斯不亦惠而不費乎？【一】（此承子張之問。下順言四項，則又若單起散承。）擇可勞而勞之，又誰怨？【二】欲仁而得仁，又焉貪？【三】君子無衆寡，無小大，無敢慢，斯不亦泰而不驕乎？【四】君子正其衣冠，尊其瞻視，儼然人望而畏之，斯不亦威而不猛乎？【五】」【以上兩節詳略均申「五美」。】子張曰：「何謂四惡？」子曰：「不教而殺，謂之虐。【一】不戒視成，謂之暴。【二】慢令致期，謂之賊。【三】猶之與人也，出納之吝，謂之有司。」【四】【以上一節申承「四惡」。】

此通章「四惡」「五美」對立，而以前總後散爲章法。排句多變，故無板滯之病。

子【起】見【承】齊衰者，冕衣裳者，與瞽者，【三項申「見」字。】（此是起而無承，為特例。）見之【起】，（「之」字關係，頂承複述作起。有此，文氣一束，直貫而下。不可不知。）雖少

（曲折）必作。【承】

過之，（與「見之」對應成文。）必趨。（「必」字排。）

此以「見之必作」「過之必趨」爲對格排文，間以「雖少」一曲生變。而尤妙於先提「子見齊衰者，冕衣裳者，與瞽者」一句作起，閒閒頓住，而別以「見之」二字複稱爲文，有雲連山斷之妙。而後「過之必趨」一層，乃得順及而下。使直曰：「子見齊衰者，冕衣裳者，與瞽者，雖少必作。」文非不逕，而「過之」一層，終無綴屬之宜。則複稱「見之」二字，即所以爲「過之」之地也。此可悟排對之於綴文之道，其意義居何等。而古人寥寥數十字不苟之處，爲大可思矣。

孔子於鄉黨，恂恂如也，似不能言者。其在宗廟朝廷，便便言，唯謹爾。朝，與下大夫言，侃侃如也；與上大夫言，誾誾如也。君在，踧踖如也，與與如也。【此記言兼及貌，為一節。】

君召使擯，色勃如也，足躩如也。揖所與立，左右手。衣前後，襜如也。趨進，翼如也。賓退，必復命，曰：「賓不顧矣。」（為擯相。）

入公門，鞠躬如也，如不容。立不中門，行不履閾。過位，色勃如也，足躩如也，其言似不足者。攝齊升堂，鞠躬如也，屏氣似不息者。出，降一等，逞顏色，怡怡如也。沒階，趨進，翼如也。復其位，踧踖如也。（在朝。）

執圭，鞠躬如也，如不勝。上如揖，下如授，勃如戰色，足蹜蹜，如有循。享禮，有容色。私覿，愉愉如也。（聘鄰國。）【此記容兼及言，為一節。】

君子不以紺緅飾，紅紫不以爲褻服。當暑，袗絺綌，必表而出之。緇衣羔裘，素衣麑裘，黄衣狐裘。褻裘長，短右袂。必有寢衣，長一身有半。狐貉之厚以居，去喪，無所不佩。非帷裳，必殺之。羔裘玄冠不以弔。吉月，必朝服而朝。齊，必有明衣，布。齊必變食，居必遷坐。【此記「衣」為一節，而結處過接出「食」字，尤為神化。】

食不厭精，膾不厭細。食饐而餲，魚餒而肉敗，不食。色惡，不食。臭惡，不食。失飪，不食。不時，不食。割不正，不食。不得其醬，不食。肉雖多，不使勝食氣。惟酒無量，不及亂。沽酒，市脯，不食。不撤薑食。不多食。祭於公，不宿肉。祭肉不出三日，出三日，不食之矣。（「矣」字神化。）食不語，寢不言。雖疏食菜羹，瓜祭，必齊如也。【此記「食」為一節，結處帶應「言語」，重繳到「齊祭」，與前節同一神化之筆。】

席不正，不坐。（文氣連上「不」字來，有藕斷絲連之妙。）鄉人飲酒，杖者出，斯出矣。

鄉人儺，朝服而立於阼階。【此記坐立為一節。】

問人於他邦，（文意承前節「鄉人」來。）再拜而送之。康子饋藥，拜而受之，曰：「丘未達，不敢嘗。」（此順「再拜送」而言之。）廄焚，子退朝，曰：「傷人乎？」不問馬。（此順前諸「人」字來。又與「康子」節同為專敘之辭，故連及。）【此記交人為一節。】

君賜食，（自「退朝」順及「君」。）必正席先嘗之。君賜腥，必熟而薦之。君賜生，必畜之。侍食於君，君祭先飯。疾，君視之，東首，加朝服，拖紳。君命召，不俟駕行矣。（「矣」字精神。）【此記事君之禮為一節。】

入太廟，每事問。（此自「君命召」意來。）

朋友死，無所歸。曰：「於我殯。」（前言「太廟」，遂及死殯。）朋友之饋，雖車馬，非祭肉，不拜。【此記交朋友為一節。】

寢不尸，居不容。見齊衰者，雖狎必變。見冕者與瞽者，雖褻必以貌。凶服者式之。式負版者。有盛饌，以變色而作。迅雷風烈，必變。（不曰「迅雷烈風」而曰「風烈」，亦所謂「必變」者也。）【此記容貌之變為一節。】

升車，必正立執綏。車中不內顧，不疾言，不親指。【此記在車為一節。】

色斯舉矣，（「矣」字精神。）翔而後集。曰：「山梁雌雉！時哉！時哉！」子路共之，三嗅而作。（一結奇情高致。）

論語文字，以鄉黨爲最細碎，亦最精密，最玄遠而疎奇。學者細會其串揷接卸線索關節之妙，則綴文之道，可以徹悟而無悶矣，故以殿吾排對之說，而有待於學者之自參詳焉。

至此而排對之變略盡，然特自其可見而易指言也。其實文章之道，固莫匪排對爲用之變者。夫事物之相綴屬聯合，必有其分理之可言。分理至不同，析言之，則亦惟縱横而已矣。縱者事理，是謂時間。横者物理，是謂位間。事者物之連續，物者事之比較。此宇宙之大例。凡事物所莫能外者，於文亦然。起承轉落，縱理也，文之經也。對偶排比，横理也，文之緯也。且對偶爲横，排比爲縱。自起而有承，排比之變也，亦縱也。自承而有轉，對偶之變也，亦横也。故曰：文莫逃乎對偶排比之變也。大抵文不單行，氣必雙申，有孤皆偶。古人盡事物之理，故其爲文凝重而雄厚。自駢儷之流弊既深，一變而爲散體，韓文公獨稱追古，然其文固最善用偶者。後人不加察，則文彌薄而理彌單矣。此亦古今文章同異升降之一端也。大匠授人以規矩，不能與人以巧。凡茲所引，則固亦古人規矩所在也。好學深思之士，誠能强探而熟玩之，卽不爲巧匠，其猶不成操削鑿乎？故爲曲稱雜學而盡其變如此。總此而言「轉」言「結」，固皆「起」「承」之變而無逃乎此例矣。茲別爲一卷詳之。

達用下

綴文之大體盡乎「承」，其能事極乎「轉」。凡「承」莫勿有「起」，故論「承」而「起」自明。凡「轉」莫勿有「結」，故言「轉」而「結」自見。結猶承也，轉猶起也。前詳「承」而略「起」，所以明體。茲重「轉」而後「結」，所以達用。二者相資而不相乖也。

第五章　轉

行文無轉，猶行道者無左右往復而直前，則其道易窮，其行難久。故「轉」者，所以盡「承」之用也。凡綴文之道，莫非承。猶布算之方，莫非加。（自代數發明負號，則減亦加也，特正負相加耳。）而運變之巧拙，則什伯千萬，未始有極焉。茲可思也。
轉猶「別起」也。自後言之則爲起，自前言之則爲轉。故轉有「轉而承」者，有「轉而起」者。

第一節　轉如承

「轉而承」者，謂以「轉」而爲「承」之用也。

子曰：「孟之反不伐（起下申承），奔（頓）而殿（轉承），將入門，策其馬曰：（下兩句「曰」後申辭。）『非敢後也（撇筆起），馬不進也。』」（轉入正意結）

「敢後」爲一事，「馬不進」爲又一事。先撇筆以明其非此，再承斷以著其爲彼。其意則轉，其辭則承。故曰「轉」而如「承」之用者。凡轉而如承者，其用皆若斷承然。

微生畝謂孔子曰：「丘！何爲是栖栖者與（起）？無乃爲佞乎（承）？」（以上微生畝問起。）

孔子曰：「非敢爲佞也（撇筆起），疾固也（轉到正意結）。」（以上孔子對承。）

句法同。

子曰：「不患人之不己知（撇筆起），患不知人也。」（轉入正意結）

亦轉承。

子曰：「我【頓總起】非生（頓）而知之（轉承）者【一句撇筆偏承】，好古（頓）敏以求之（承）者也。」【轉入正意承】

此轉承正式也。凡承有反、正兩意，往往先撇去其反者，而後轉入正意，以斷結焉。則前兩引所謂「撇筆作起」者，其實皆「偏承」也。（為有「起詞」之在省者也。）所謂轉承者，自總起而言之，則爲承。自偏承而言之，則爲轉。故曰「轉而承」也。

子曰：「驥（頓總起）不稱其力（撇筆偏承），稱其德也。」（轉到正承）

與前引同意，實亦對格排句之爲分承者耳。

曾子曰：「吾聞諸夫子，（起下申承）人（頓）未有自致者也（撇承）【起】，必也（頓）親喪乎（申承）？」【轉承】

此以「必也」領句，爲決承之辭，推論不盡既往，視前微別。而所謂撇筆偏承者，又合起詞而總爲一「起」，與前更異。而末句之爲轉承終一。可細會之。

子曰：「君子（頓）無所爭（撇筆承斷），【起】必也射乎？【轉承】（以上起，下申承。）揖讓（頓）而升（轉承位仍），【一】下（頓）而飲（轉承位仍），【二】（排句側注起）

其爭也（頓）君子（承斷）。」（斷承）

句法同上。凡「而」字，皆轉承之辭，其意可自得之。

子謂顏淵曰：「用之（頓）則行（承轉），【一】舍之（頓）則藏（承轉），【二】（對格排句起）

惟我與爾有是夫！」（承斷）

子路曰（轉承）：「子行三軍（頓）則誰與（承轉）？」子曰：（下申承）

「暴虎憑河，死（頓）而無悔（轉承）者，【起】吾不與也。【斷承】（兩句合為攙起）

必也臨事而懼，好謀而成者也。」（轉正結）

此可云「吾不與暴虎憑河云云者」，而「必與臨事云云者」也。此固亦「我非生而知之者」一式之變化而成耳。凡前後引「必也」諸句皆然。又「而」字所以轉承，而「則」字則以承轉。二字爲用殊溥，茲不一一備論。學者第明此二義（承轉、轉承），而「而」「則」之爲用盡之矣。

子曰：「不得中行而與之，（撇筆偏承作起，前省起詞。）必也狂狷乎？（轉結）狂者進取，狷者有所不爲也。」（排承申辭）

此猶云：「吾所與者，不得中行，則必狂狷也。」故凡引撇筆作起者，皆偏承之變也。

子曰：「聽訟（頓）吾猶人也（斷承），【撇句起】必也使無訟乎？」【轉入正結】

此與「暴虎憑河」節似。大凡諸所引，皆以「必也」爲轉者也。

子路使子羔爲費宰（起）。子曰：「賊夫人之子（承斷）。」子路曰：「有民人焉，有社稷焉，【排句起】何必讀書（轉到正面起），然後爲學？」【承斷】

此則以「何必」爲轉，意謂「有民人社稷」亦可以爲學，不必讀書乃謂「學」也。此爲轉起之辭。義法詳下。

子曰：「十室之邑（頓總起），必有忠信如丘者焉（承斷），（此兩句起，下申承，間有含而未盡之言，則文氣之潛轉也。）不如丘之好學也。」（轉入正承）

此模略言之，亦總起分承之辭。然諦論之，則前兩句爲起，後一句爲承，而有含義潛轉之蓄而未白者在矣。此可見文之多變也。又前引首承皆反辭撇句，而此則反辭乃在正承，是亦不同。

子曰：「吾嘗終日不食，終夜不寢（排句對起），以思（總承），【起】無益。【斷承】（以上撇筆起，下轉到正意作結。）不如學也。」（轉承作結）

此亦「不如」比較之辭，而與前實別。

顏淵死，子哭之慟。從者曰：「子慟矣！」曰：「有慟乎？（間有潛氣內轉，意可翫。）非夫人之爲慟（撇起）而誰爲（轉結）？」

此亦皆「轉而承」者。由此論之，凡轉承之辭，大率有反、正兩意，先撇筆以去其反者在前，乃轉落正意以承者在後可知也。然間有不盡然者。

齊景公待孔子，曰：「若季氏（側起），則吾不能（承撇），以季孟之間待之（轉入正意）。」（以上起，下申承。）曰：「吾老矣，不能用也。」孔子行。（位轉承）

凡撇筆起者，實皆轉辭之倒置者也。如此引可云「以季孟之間待之，若季氏則吾不能」，文氣亦順；惟以正意須後出，故倒置耳。

子曰：「由之瑟，奚爲於丘之門！」門人不敬子路。子曰：「由也（頓起）升堂矣（承斷）！未入於室也。」（轉承再斷）

凡兩承相續，意重所在，常待後轉。此獨先出，而偏筆反留後轉，與前引輕重先後適反。可見文之多變也。

季氏富於周公【起】，而（轉）求也（頓）為之聚斂而附益之。【承】（以上起）子曰：（前亦夫子之辭也，然不稱「子曰」而稱於此者，特起提清罪案以振文氣也。）「非吾徒也，（語氣自「求也」一頓直接遞來。）小子鳴鼓而攻之可也。」（以上承）

此亦以轉爲承，而無反、正兩意可言，視前又異矣。而考其義，則出於一本。何者？此蓋謂季氏而「富於周公」矣，則爲之臣者，不應復爲之「聚斂而附益」也。此正意也。而今者冉子竟爲之「聚斂而附益」，此夫子所以有「非吾徒」之斥也。是反意也。「而」字一轉，而正意之含而未申者躍如矣。則固與前諸所引，爲異條而同幹也。蓋一顯一隱：一以辨非此而爲彼，爲判斷之辭；一以著應此而竟彼，爲敍述之辭。此其異也。

子曰：「不有祝鮀之佞（設辭起），而（轉）有宋朝之美（承），【起】難乎免於今之世矣！」【斷承】

「而」字意略同前。此言蛾眉見嫉，盛德難容也。色美易悅，猶且難免，而況德高之來毀乎？「而」猶云「而又」。使無「祝鮀之佞」，而亦無「宋朝之美」，猶之可也。既無其佞，而又有其美，徒益招妒，「難免」宜矣。此皆以「而」字爲轉承者。

子路問事君。子曰：「勿欺也（頓），而犯之。」（轉承）

子曰：「君子恥其言（頓）而過其行。」（轉承）

「而」字義法竝近，而義均和緩。

子曰：「士（頓）而（轉）懷居（承），【起】不足以爲士矣。」【承斷】

「士」不「懷居」，「懷居」非「士」。「而」字介續於「士」與「懷居」二辭之間，而爲之斡捩焉，故亦轉承之字；而其意亦較前引「而求也」「而」字略和緩，如有假設之義。

子曰：「過（頓）而不改（轉承），【起】是謂過矣。」【斷承】

「而」亦含「如」義。

子曰：「人（頓）而不仁（轉承），【起】如禮何？【反辭斷承】人而不仁，如樂何？」（兩排對立）

子謂伯魚曰：「女爲周南召南矣乎？人（頓）而不爲周南召南（轉承），【起】其猶正牆面而立也與！」【承斷】

「而」義皆近似。

子與人歌（起）而善（轉承），【起】必使反之（起），而後和之（轉承）。【承】

前「而」字亦「如」義。後「而」字時承位轉之辭，與「則」字略近，而實不同。

子曰：「不逆詐，不億不信（排句起），抑亦先覺者（轉承），【以上起】是賢乎？」【虛斷承】

「不逆詐，不億不信」，則似當不獲「先覺」矣。「抑亦先覺」，所以爲「賢」也。句法亦同。總此諸引，皆所謂「轉而承」者。至若「而」字、「則」字之爲用於語句間者，如「人不知而不慍」，「比而不周，周而不比」，以及「至則行矣」，「用之則行，舍之則藏」諸句，莫匪有轉折之可言。然已雜見於前，以非專論字句之書，不能詳。要而言之，則前所引「時承」之轉者，是承中之轉也。此所謂轉，轉中之承也。前謂之「承」而不謂「轉」者，爲語句之相屬在先後，重於時之順及也。此謂之「轉」而不謂「承」者，爲語句之相關在彼此，重於位之並著也。故一明因果，一辨異同。二者之爲別，猶前論排、對之爲別也。排比猶承也，對偶猶轉也。此以見吾說之無往而不合，凡以解文理之大同而無歧也。承亦有轉，轉亦有承，而轉承出於一本。猶太極分兩儀，兩儀生四象也。夫文字，天地之精美也。古文家以「陰陽」「剛柔」論文氣，此形而上者。茲以「時位」「縱横」論文體，此形而下者。要其發斯文之秘，而有得乎其眞，則誠學者所當均知也。「轉而承」者既明，則當進論夫「轉而起」者。

第二節　轉如起

「轉而起」者，則轉之正用也。前已有起，故不謂起而謂轉。自其後而言之，則彼固起辭也。

冉求曰：「非不悅子之道（撇筆起），力不足也。」（轉入正意結）

此「轉而承」者。

子曰：「力不足者（頂承作起），中道而廢。（承斷）今女（轉到正面起）畫。」（承斷）

此「轉而起」者。觀此則二者之辨可知矣。轉而承者，轉在於「承」者也。承不一承，故有轉。轉而起者，轉在於「起」者也。起不一起，故有轉。夫所謂「起不一起，承不一承」，則前論排偶諸式皆是也。故凡排偶之句，其時、位靡勿有轉者。然使必排偶而後可以轉，則綴文之道苦矣。此固「轉」之具體，而未極其運用者。學者可以互參焉。將以窮究「轉」之運用，則固且繼此以論之，而又必分時、位以爲言。凡轉不於時，必於位，可知也。

甲　轉於時以爲起者

轉於時以爲起者，一時之事既竟，又別拓爲一時之事，以究極其變也。

季氏使閔子騫爲費宰（起）。閔子騫曰（以下承）：「善爲我辭焉。（季氏之使命至，而閔子辭之，此一時之事竟矣。下乃別設為他日之事，以深明「為辭」之心也。故曰轉亦所以為承。

此當細參。）

如（時轉辭）有復我者，【起】則（承轉辭）我必在汶上矣。」【承決】

此時轉以爲起之辭也。凡時轉之辭，其承之者，大抵皆決辭也。

子曰：「父母在（起），不遠遊（承）。（此兩句起。）遊（轉，省時轉辭。）必有方（承結）。」（此兩句承，所以益申前兩句之意者。此當細參。）

此一短章而起承轉落皆見。轉，亦時轉也。凡轉皆別自爲起，而卽以承前之言。

子曰：「先進於禮樂，野人也。後進於禮樂，君子也。（兩排對起）如（時轉辭）用之，【起】則（承轉辭）我從先進。」【承】

凡時轉，類爲假設之辭。此亦然。

子曰：「弟子【頓總起】入則孝，出則弟。（排「則」字。）謹而信，汎愛衆而親仁。（排「而」字。）【兩排四項分承】

行有餘力，【轉起，省時轉辭。】則（承轉辭）以學文。」【承結】

子曰：「父在（頓）觀其志（承），【一】父沒觀其行，【二】（排句對起）

三年無改於父之道，（單承「父沒」一層作轉，省時轉辭。）可謂孝矣。」（承斷，省承轉辭。）

子游爲武城宰。子曰：「女得人焉爾乎？」曰：

「有澹臺滅明者（起），行不由徑，（承）

非公事，（撇筆轉起，省時轉辭。）未嘗至於偃之室也。」（「非公事未嘗至」，承「行」以順及之也。）

季康子問政於孔子。孔子對曰：「政者（頓起），正也。（承斷）

子帥以正，（轉起，省時轉辭。）孰敢不正？」（承結，省承轉辭。）

子貢問友（起）。子曰：「忠告而善道之，（承）不可（轉起設辭）則（承轉辭）止（承），【起】無自辱焉。」【申承】

或問禘之說（起）。子曰：「不知也。（承）知其說者之於天下也（轉起），其如示諸斯乎（承結）？」指其掌。（申釋「斯」字。）

子曰：「後生（頓）可畏（承），【起】焉知來者之不如今也。【承】四十五十（頓）而無聞焉（轉承），【起，此時轉辭詳。】斯（承轉辭）亦不足畏也已矣！」【斷結】

孟氏使陽膚爲士師（起），問於曾子（位仍承）。曾子曰（位轉再承）：「上失其道（起），民散久矣。（承）如得其情，（轉，時轉辭詳。）則哀矜而勿喜。」（戒辭承結，省承轉辭。）

有子曰：「禮之用（頓），和爲貴（承斷）。【起】先王之道斯爲美。小大由之。【承】

有所不行【設辭轉】，知和而和，不以禮節之（起），亦不可行也（斷承）。」【申承】

此皆設辭轉起，而假設之辭，與承轉之辭，或詳或否。

子曰：「譬如爲山（起），未成一簣（承），止（轉），吾止也（結）。

譬如平地（起），雖覆一簣（承），進（轉），吾往也（結）。」

此整整兩排，起承轉落相對轉，皆時轉也。而全章獨稱譬辭，未出正意，尤爲可參。

子謂子賤（起）：「君子哉若人（承）！魯無君子者（轉），斯焉取斯（結）？」

他引時轉，皆設爲「未然之辭」於將來者，此獨設爲「既然之辭」於已往，亦一變也。

子曰：「苟有用我者，（此變轉辭為特起，而「不用」之意躍然言外。有德之言，其深穩和婉，類如此。）

朞月（頓）而（轉承）已可也（承），【一】三年有成。」【二】（排承）

此亦轉也。以前更無起，斯不謂「轉」而謂之「起」矣。可以悟「轉」「起」之一本也。

乙　轉於位以爲起者

轉於位以爲起者，所論乎一事一物者既竟，轉而至他事他物焉，以較量其異同，而彼此之情益彰也。

憲問恥。

子曰：「邦有道（起），穀。（承斷）

邦無道（起），穀（轉承），【轉起設辭】恥也。」【斷結】

「穀」，祿也。邦有道，當食其祿。君無道而在其朝，食其祿，是恥辱也。此時轉以爲起者。

「克、伐、怨、欲不行焉，可以爲仁矣（起）。」子曰（以下承）：「可以爲難矣，（承斷）仁（轉入正面作起）則（承轉辭）吾不知也。」（斷結）

此位轉以爲起也。夫曰不可以爲「仁」，而「難」之情於以益明。故曰『轉亦所以爲承』也。凡位轉之辭，其承之者，大抵皆斷承也。

子曰：「回也（頓起），其心三月不違仁。（承）其餘（轉起）則（承轉辭）日月至焉而已矣。」（承結）

此位轉之正式也。

子貢方人。子曰：「賜也（頓起）賢乎哉？（反辭承斷）夫我（轉起）則（承轉辭）不暇。」（承結）

子曰：「文（頓起），莫吾猶人也。（疑辭承斷）

躬行君子（轉起），則（承轉辭）吾未之有得。」（承結）

「莫」猶「或」也。句法竝同。

子張曰：「書云『高宗諒陰，三年不言』，（申「云」字。）何謂也？」【起】

子曰【以下承】：

「何必高宗（撇筆承），古之人皆然（轉開一步作起）。君薨，百官總己以聽於冢宰，三年。」（申承「然」字。）

此亦位轉之義之至可見者。

子曰：「飯疏食（一），飲水（二），曲肱而枕之（三），樂亦在其中矣。（總承）不義（頓）而富且貴（轉承），【轉起】於我如浮雲。」【承結】

此亦位轉，而又自含有轉捩之意者。

齊景公問政於孔子。孔子對曰：「君君，臣臣，父父，子子。」公曰：「善哉！（一句承斷）信如君不君，臣不臣，父不父，子不子（轉起），雖有粟（曲折），吾得而食諸？」（承結）

冉子退朝。子曰：「何晏也？」對曰：「有政。」子曰：「其事也？（一句承斷）如有政（轉起），雖不吾以（曲折），吾其與聞之。」（承結）

兩節轉後皆加曲筆，文意委婉可法。又此殊類時轉，然文意重辨一事之然否，與前引時轉「如」「若」諸義有別。

公山弗擾以費畔，召，子欲往。（起下承）子路不說，曰：「末之也已，何必公山氏之之也！」（此節承上起下。）子曰：「夫召我者（起），而豈徒哉？（承）

如有用我者（轉起），吾其爲東周乎？」（承結）

此亦位轉。夫「召我」而不徒然，是必且「用我」。則轉之所以爲承之用者，豈不益可見乎！

子曰：「飽食終日，無所用心（起），難矣哉（承斷）！（以上起）

不有博弈者乎【轉起】？爲之（頓）猶賢乎已（承斷）。」【承結】（以上承）

夫曰「博弈猶賢乎已」，即以深明「無所用心」之「難」也。文雖百轉，意本一注。承、轉相通，如此如此。

子曰：「吾猶及史之闕文也（一），有馬者借人乘之（二），（申「及」字。）

今（轉起）亡矣夫（承結）！」

此自昔而轉之今，亦位轉也。凡時轉在虛實，常若含「假使」「苟其」之意。位轉在賓主，常若含「至於」「若夫」之意。故時轉之辭，多爲敍述順及之文，排之變也。位轉之辭，多爲論斷並著之文，偶之變也。故曰：時位、縱橫之道，斯文理致之大綱也。

哀公問：「弟子孰爲好學？」（申「問」字。）孔子對曰：「有顏回者好學，不遷怒（一），不貳過（二），（申「好學」。）不幸短命死矣！（「不」字排文順及。）今也【轉起】則（承轉辭）亡，【一承】未聞好學者也。」【再承以見惋惜之神。】

轉意同上。

子曰：「麻冕（頓），禮也。（承斷）今也（轉）純【頓】，儉【承斷】。（起）吾從衆。（承）拜下（頓），禮也。（承斷）今（轉）拜乎上【頓】，泰也【承斷】。（起）雖違衆（曲折），吾從下。」（承）

此兩排對立，皆位轉也。

子夏曰：「君子（頓總起）信【頓】而後勞其民【承】。未信【轉】，則（承轉）以為厲己矣。【承結】信【頓】而後諫【再承】。未信【再轉】，則（承轉）以爲謗己矣。」【再結】

此亦對格排文。

子曰：「賜也（呼起），女以予爲多學而識之者與（承問）？」【此上起】對曰：「然【承上】，非與【轉】？」（起下一轉，敏鋭可愛。）（此中幹承上起下。）曰：「非也，予一以貫之。」【結】

此一往順敘，而中亦有位轉之意之可論也。

葉公語孔子曰：「吾黨有直躬者【起】。其父攘羊（起），而（轉）子證之（承）。」【申承】

孔子曰：「吾黨之直者異於是【轉起】。父爲子隱，子爲父隱（環承排句對起），直在其中矣（承斷）。」【申承】

此亦運位轉於時承之中。

子路問成人（起）。子曰（以下承）：

「若臧武仲之知，公綽之不欲，卞莊子之勇，冉求之藝（排起），文之以禮樂（總承），【起】亦可以爲成人矣。」【斷承】

曰（時承位仍）：

「今之成人者何必然【位轉起】。見利思義，見危授命，久要不忘平生之言（三項起），亦可以爲成人矣（承斷）。」【承結】

中間增一「曰」字，則亦運位轉於時承之中，而文氣較緩。

子貢問曰：「何如（問辭起）斯可謂之士矣（承）【起】？」子曰【以下承】：「行己有恥，使於四方不辱君命，（「行己」與「命使」對起。）可謂士矣。」（承斷）曰（時承）：「敢問其次【位轉】。」曰【承】：「宗族稱孝焉，鄉黨稱弟焉（排句）。」曰（時承）：「敢問其次【再轉】。」曰【承】：「言必信，行必果（排句起），硜硜然（總承）（起）小人哉（斷承）！抑亦可以爲次矣（轉入正意）。」曰（時承）：「今之從政者何如【三轉】？」子曰（特提「子」字調變。）：「噫！（特添嘆字，神情如繪。）斗筲之人，何足算也。」【承結】

三轉皆位轉也。前三問順次而下，後一問突掉。如龍尾不可捉，而文氣均和緩。熟味此兩章，可悟聖門文字之對時立論，其愼而不葸、直而不絞爲何如也。

子曰：「賢者辟世，其次辟地，其次辟色，其次辟言。」

此亦運位轉於一排順及之中者。可互觀也。餘若：

子曰：「吾（頓）未見（承）好仁者（一），惡不仁者（二）。（申「見」字。）【以上起，下申承。】好仁者（頓），無以尚之（承）。（申釋「好仁」。）惡不仁者（頓），其爲仁矣，不使不仁者加乎其身（承）。（申釋「惡不仁」。）【以上兩排分承，下轉。】有能一日用其力於仁矣乎【轉起】！吾未見力不足者【承決】。（「吾未見」三字，照前顧後。）蓋有之矣【再轉起】，我未之見也【承結】。」（此亦排文之變。）

兩轉低徊，如聞其聲。歐陽永叔一行傳序似之。

曾子有疾，孟敬子問之。曾子言曰：「鳥之將死，其鳴也哀。人之將死，其言也善。（正、譬兩排分起，下單承「善言」。）君子（頓）所貴乎道者三（承）：（總起）動容貌（頓），斯遠暴慢矣（承決）。【一】正顏色，斯近信矣。【二】出辭氣，斯遠鄙倍

矣。【三】（三排分承）

籩豆之事（轉起），則（承轉辭）有司存。」（承結）

逸民（頓總起）：伯夷、叔齊（申承），【一】虞仲（頓）夷逸（斷承），【二】朱張（頓總起）：柳下惠、少連（申承）。【三】（三排分起，而兩申一斷，極變化之致。下分承。）子曰（此與「微子去之」節「子曰」同意。）：「不降其志，不辱其身【排句起】，伯夷、叔齊與【承斷】？」（承「逸民」。）

謂柳下惠、少連（承接轉換，略同起處。）：「降志辱身矣【偏承應上】。言中倫，行中慮，其斯而已矣【正承】！」（承朱張，先出文法變化。）

謂虞仲（與前節排文。）：「夷逸。隱居放言，身中清，廢中權。」（承夷逸，句法與上節排調。）

我（特提轉起）則（承轉辭）異於是（承斷），【起】無可，無不可。」【排句對格申承】

此兩章皆先爲長排，然後一筆扳轉，機勢極可法。

子游問孝。子曰：

「今之孝者（頓起），是謂能養（承斷）。【起】

至於犬馬（轉起），皆能有養（承斷）。【承 【以上案為起】

不敬（轉起），何以別乎（斷結）？」【以上斷為承】（近分起單承格。）

此三節而兩轉，自「今之孝者」與「犬馬」爲偶而一轉，「能養」與「不敬」爲偶而又轉。「不敬」以前爲案爲起，「不敬」以下爲斷爲承。故起承一節爲起，轉結一節爲承。此則與前諸引似異而實同也。學者貴能明其一本，則可以參其萬變矣。夫曰「一本」者何也？曰：承，其體也；轉，其用也，其實則皆一也。又「犬馬」一轉，位轉也。「不敬」一轉，時轉也。此兩轉而時、位皆見者。

子曰：「夏禮（頓）吾能言之（承），【起】杞（位轉）不足徵也（承斷）。【承】殷禮吾能言之，宋不足徵也。（兩排對起）

文獻不足故也。（總承斷辭）

足，（此轉於時以起者。）則（承轉辭）吾能徵之矣。」（承決結）

子貢曰：「管仲（頓）非仁者與（疑問斷承）？【起】桓公殺公子糾，不能死，又相之。」【申承】（以上子貢問起，以下承）

子曰：「管仲相桓公，霸諸侯，一匡天下，民到於今受其賜。微管仲，【此轉於時以起者。】吾其被髮左衽矣。【承】（以上正論管仲功勞一節起。）豈若匹夫匹婦之爲諒也，【此轉於位以為起者。】自經於溝瀆而莫之知也！」【申承】（以上旁論管仲志節，正答問意，一節承。）

此均時、位兩轉竝見者。

子曰：「回也（頓）其庶乎（斷承）？屢空。（申上）賜【轉】不受命（承頓）而貨殖焉（轉承）【承】，億（轉）則屢中。」【又承】（「屢」字應前。）

此一章三轉，而轉起、轉承竝見者。

太宰問於子貢曰：「夫子聖者與？何其多能也！」【起】（起處與上章略似。）
子貢曰：「固天縱之將聖，又多能也。」【承】（以上一問一答為起。）
子聞之，曰：「太宰知我乎【起】？吾少也賤（起），故多能鄙事（承）。【承】
君子（位轉）多乎哉（偏乎疑辭）？不多也。」（轉入正承）
牢曰：「子云：『吾不試，故藝。』」（自「吾少也賤」兩句順及，排文對立。）

此亦轉起、轉承竝見者。至是而「轉」之大體可明也。

第六章　變轉

前以正、變論承。正、變，猶體、用也。然聊便立說耳，於實本無可拘。茲既揭時、位兩轉，復將進而究其變。學者會通其大意，而勿泥於小跡異同則可也。

第一節　竝承之轉

此以兩層各爲轉辭承上，而兩轉亦自有偏正、賓主可指者。如：

子曰：「富（頓總起）

而可求也（轉承作起），雖執鞭之士（曲折），吾亦爲之。（承）
如不可求（再轉起），從吾所好。」（承結）

「而」猶「如」也。不曰「如」而曰「而」，言外見富之不可求也。此「轉而承」者。「如不可求」，轉於時以爲起也。然兩層各爲轉辭以承「富」，而「不可求」一層，則正主也。

子夏之門人問交於子張。子張曰：「子夏云何？」對曰：「子夏曰：『可者與之，其不可者拒之。』」（對格排句）
子張曰：「異乎吾所聞！【一句斷承作起】君子（頓）尊賢而容衆，嘉善而矜不能。【對格排句承】
我之大賢與（轉起），於人何所不容？（承）
我之不賢與（再轉起），人將拒我，如之何其拒人也？」（承結）【此亦對格排承】

兩扇作轉，意亦承前。而後轉尤正意所在。

子畏於匡，曰：「文王既沒，文不在茲乎！【起，下兩扇承。】天之將喪斯文也（轉承作起），後死者不得與於斯文也。（承斷）天之未喪斯文也（再轉起入正意），匡人其如予何？」（承結）

凡云兩層連轉，實惟以反正、賓主相激形而見意耳，而正主意常後出。故如：

公伯寮愬子路於季孫。子服景伯以告，曰：「夫子固有惑志於公伯寮，吾力猶能肆諸市朝。」子曰：「道之將行也與！（此似特提而起，然意亦承前，特運位轉於時承之中耳。）命也。（承斷）道之將廢也與！（先有此層，乃以前一層相激形，故兩轉實一承耳。可參。）命也。【排起兩對】公伯寮其如命何？」

與前章並觀，而夫子之意益顯矣。嗟乎！豈不使後之讀者，長爲廢書三嘆不置邪！

子曰：「雍也，可使南面。」仲弓問子桑伯子，子曰：「可也（頓），簡。」（若申承，若轉承，文氣含蓄。後仲弓語實是申發夫子意耳。故曰兩轉合為一承。此則申承也。）

仲弓曰：「居敬而行簡（起），以臨其民（承），【第一層承轉作起】不亦可乎？【承斷】居簡而行簡【第二層轉承作起】，無乃太簡乎？」【承結】

子曰：「雍之言然。」（承斷）

此亦運位轉於時承之中。

定公問：「一言而可以興邦，有諸？」孔子對曰：「言不可以若是其幾也。（一句斷承作起，以下潛轉為承。）人之言曰：『爲君難，爲臣不易。』（起）如知爲君之難也（轉承作起），不幾乎一言而興邦也乎？」（繳到問意結。）

曰：「一言而喪邦，有諸？」孔子對曰：「言不可以若是其幾也。人之言曰：『予無樂乎爲君（撇筆起），唯其言而莫予違也（轉承入正意）！』（此句「曰」

後申辭。）

如其善而莫之違也，【承上一轉作起】不亦善乎？【結】

如不善而莫之違也，【承上再轉起，為正主意。】不幾乎一言而喪邦乎？」【繳到問意結。】

（此兩轉與前節一轉同觀，益見其合為一承之無疑。）

此整整兩大段，而後段「如其善」「如不善」兩層各爲轉辭承上，而又自有偏正、賓主可言也。

子疾病，子路使門人爲臣。病閒，曰：「久矣哉（起），由之行詐也（申明「久」字。）！

【起】無臣而爲有臣（申明「詐」字。）。【承】（以下潛轉）

吾誰欺，欺天乎？（承「詐」字言也。）（以上二節起。）

且予與其死於臣之手也（轉進一層），無寧死於二三子之手乎？

且予縱不得大葬（再轉再進一層），予死於道路乎？」（以上二節承。）

此亦設爲兩扇，以益承前論。而文意遞進，與前引略異。可謂遞承之轉。

第二節　頂承之轉

則又有先爲頂承之辭，繳上蓄勢以爲轉地者。如：

南宫适問於孔子曰：「羿善射，奡盪舟，俱不得其死。然（頂承一頓，蓄勢待轉。）禹稷躬稼，而有天下。」夫子不答。南宫适出，子曰：「君子哉若人！尚德哉若人！」

「然」猶云「如此」。南宫适之意，以爲以羿、奡之力，「善射」「盪舟」，猶不得其死，而禹、稷乃以「躬稼」有天下，可以見「德」之足尚也。此以「然」「而」連用，爲轉出之筆，轉而起下者也。

子貢問：「師與商也孰賢？」子曰：「師也過，商也不及。」曰：

「然（頂承一束作頓，下轉承。）則（承轉辭）師愈與？」子曰：「過猶不及。」

此以「然則」連文，爲轉入之筆，轉而承上者也。凡轉皆有「轉出」「轉入」可言，持是以擬其餘可也。

子曰：「管仲之器小哉！」或曰：「管仲儉乎？」（意承「器小」來。）曰：「管氏有三歸，官事不攝，焉得儉？」曰：

「然（頂承「焉得儉」來，辭猶承而氣已轉也。）則（承轉辭）管仲知禮乎？」

曰：「邦君樹塞門，管氏亦樹塞門。邦君爲兩君之好，有反坫，管氏亦有反坫。（兩排對立，插筆為案。下承。）

管氏（頓）而知禮，（遙遙頂承問句，轉下。）孰不知禮？」

「則」字轉入，「而」字轉出。其前皆先頓蓄勢以待轉，而句法略變，殊可味也。又「管氏而知禮」句，可云「然而猶謂知禮」云云。則「然」字之爲用，豈不爲外承而內轉者耶？

孔子謂季氏：「八佾舞於庭，（案）是（頂承作頓，以下潛氣內轉。）可忍也（轉起），孰不可忍也？」（斷結）

此與「管氏而知禮」句法略似。

陳司敗問：「昭公知禮乎？」孔子曰：「知禮。」孔子退。揖（承「問」字，位仍。）巫馬期而進之，曰：「吾聞君子不黨，君子亦黨乎？（對格排句之變，下申承。）君取於吳爲同姓，謂之吳孟子（案起）。君而知禮，（猶云「然而猶謂之知禮」。）孰不知禮？」（省承轉「則」字。）巫馬期以告。子曰：「丘也幸（下申承），苟有過（時轉起），人必知之。」

此亦然。

季子然問：「仲由、冉求可謂大臣與？」子曰：「吾以子爲異之問，（逆搶透筆作起，其意猶撇起也，而加警。）曾由與求之問！（不曰「而」

而曰「曾」，為轉入之辭。）
所謂大臣者【頂提作起】，以道事君（頓），不可（時轉）則止（承）。【申承「大臣」。）
今由與求也（位轉到正面），可謂具臣矣。」曰：
「然（頂承「具臣」一束。）則（轉入）從之者與？」曰：「弒父與君，亦不從也。」

此一章而四轉，轉各不同，文字之妙，後人其烏以加諸！凡此皆以「然」字爲頂承也。然頂承不盡於「然」字。

子言衛靈公之無道也。（句法含蓄。）康子曰：「夫如是【頂承】，奚（頓）而（轉）不喪（承）？」【轉入】（此可云「然則奚而不喪」。）
孔子曰：「仲叔圉治賓客，祝鮀治宗廟，王孫賈治軍旅（三排起）。夫如是（頂承），奚其喪？」（此可云「然則奚而喪」。）

此以兩「夫如是」頂承而開下，實猶「起」也。則固不惟轉可爲「起」，以承之可爲轉，而承亦可爲「起」也。承之可以爲起，猶轉之可以爲結。而綴文之道益廣矣。

樊遲請學稼，子曰：「吾不如老農。」請學爲圃，曰：「吾不如老圃。」（兩排對起）

樊遲出，子曰：「小人哉！樊須也！（下申承）

上好禮（設辭起），則（設辭之起，猶時轉之起也，故亦多用「則」字承轉。）民莫敢不敬。

上好義，則民莫敢不服。上好信，則民莫敢不用情。（以上三排起）

夫如是，（總承頓束，潛氣轉下。）則（承轉）四方之民襁負其子而至矣（承決），

焉用稼。」（轉入正面結）

「夫如是」同前引。「然」字頂承，爲設然之辭。而「夫如是」，則爲指實之辭。此其不同。

子路問君子。曰：「脩己以敬。」曰：「如斯（頂承作起）而（轉承辭）已乎？」

曰：「脩己以安人。」曰：「如斯而已乎（再頂再轉）？」曰：「脩己以安百姓。

脩己以安百姓（頂承下轉），堯舜其猶病諸！」

「如斯」，猶「如是」也。則復有複稱上文爲頂承而轉者。

子張問崇德辨惑。子曰：「主忠信，徙義，崇德也。愛之欲其生，惡之欲其死（起案），既欲其生，又欲其死（頂承作起），是惑也。」（承斷）

此複稱而略換數字者。觀此則頂承之所以爲「起」益明。故「頂承」云者，實皆複說以啓下耳。意若曰「誠如是，則云云」也。故皆時轉以爲起也。

魯人爲長府。閔子騫曰：「仍舊貫（起），如之何（承）？何必改作？」（轉結）

子曰：「夫人不言（撇筆起），言（頂承作轉）必有中。」（承決）

此一章兩轉，而時、位皆見。「何必」一轉，可與前引「必也」諸轉互觀。至如：

子曰：「予欲無言。」

子貢曰：「子如不言，（頂承作轉，其虛實之際最顯。）則（承轉辭）小子何述焉？」

子曰：「天何言哉？四時行焉，百物生焉，天何言哉？」

又：

子曰：「鄙夫（頓）可與事君也與哉（承斷）？【以上起，下申承。】
其未得之也，患得之。既得之（時轉頂上開下），患失之。（兩排起）
苟患失之（時轉頂上開下），無所不至矣（斷結）。」（此亦分起單承之變。）

兩引皆有假設之辭，其虛實之際尤顯。後引「既得」之「既」字，亦是假設非實。

子適衛，冉有僕。子曰：「庶矣哉！」冉有曰：「既庶矣，（頂承，此為撇筆實指。）
又何加焉？」曰：「富之。」曰：「既富矣，（再頂，此為假設，承上言之，然論義法實一。）
又何加焉？」曰：「教之。」

此兩爲頂承，而文境兩轉。要之，頂承之辭，其爲用在於繳上蓄勢以待轉。彼固非轉，而轉之用盡之。若是，則頂承之爲轉者，其意可明矣。

又：

子路問：「聞斯行諸？」子曰：「有父兄在，如之何其聞斯行之？」冉有問：「聞斯行諸？」子曰：「聞斯行之。」（兩排對起）

公西華曰：「由也問『聞斯行諸』，子曰『有父兄在』；求也問『聞斯行諸』，子曰『聞斯行之』（複承作起）。赤也惑，敢問。」（承）

子曰：「求也退，故進之。由也兼人，故退之。」（兩排申承）

及：

樊遲問仁，子曰：「愛人。」問知，子曰：「知人。」（兩排對起）

樊遲未達（承上轉下），子曰：「舉直錯諸枉，能使枉者直。」（此兼指「愛」「知」兩層言。）（以上起）

樊遲退，見子夏曰：「鄉也，吾見於夫子而問『知』，（此省「愛」言「知」。）

子曰：『舉直錯諸枉，能使枉者直。』何謂也？」（複承作起）

子夏曰：「富哉言乎！（虛斷起）

舜有天下，選於衆，舉皋陶，不仁者遠矣。湯有天下，選於衆，舉伊尹，不仁者遠矣。」（兩排申承，亦兼「愛人」「知人」言也。）

兩章皆複稱以爲承也。然不列諸「承」而列諸「轉」者，爲其承而爲起，用近於轉也。

子曰：「民之於仁也（頓），甚於水火（承斷）。【起】

水火（頂承起）吾見蹈而死者（一）。未見蹈仁而死者也（二）。」【環格對句承】

此則頂承而位轉以爲起者，與前爲不同矣。

子貢問政。子曰：「足食，足兵，民信之矣。」

子貢曰：「必不得已而去，於斯三者何先？」（承上轉下）曰：「去兵。」

子貢曰：「必不得已而去，於斯二者何先？」（再承再轉）曰：「去食。自古皆有死，民無信不立。」（兩句申承「食」「信」輕重意。）

此則意猶頂承爲轉，而更無頂承之辭可見者。則又有辭承意轉，若「樊遲未達」一語，求其意則實承上而轉下，而論其事則未有掉轉之跡可言也。此惟序述之文尤多見。如：

子曰：「吾與回言（起），終日不違（承），【起】如愚。【承斷】（以上起）
退而省其私（起），亦足以發（承），【起】回也不愚。」【斷結】（以上承）

自「退而省其私」以下，意轉矣，而辭則承。此即所謂「辭承意轉」也。例多前及，不復贅。

又：

子曰：「人（頓）而無信（轉承），【起】不知其可也。【承】（以上起）
大車無輗，小車無軏【排起】，其何以行之哉？」【承斷結】（以上承）

此正譬相間之文，自「人」而之「車」，意轉矣，而辭亦承，故亦辭承意轉。而見於議論之文者，則凡前稱「排對之變」，實皆辭承意轉者耳。此不可不知。例多見前，不復贅。至是而「轉」之體用正變，大率盡見。「結」猶承也，則固可以無論。蓋一篇之起句謂之「起」，及其終局謂之「結」。能造句，斯能起結。綴文之道，承轉以爲經，排對以爲緯，而巧拙通滯，存乎一心，不可以言說稱也。蓋論語之文簡而淡，則後世馳驟縱横、轉制變化之奇不多見。讀者資以明其體則可也。至於窮勢而竭變，則若左史、孟、莊之書，固可由此而窺之。而要亦不過「承轉以爲經，排對以爲緯」之二者可知也。然此亦有變化縱横，不可盡以跡象求。而爲前所未引者，略舉以俟玩味，而後可以盡文字之變，且以爲進讀左史、孟、莊之嚆矢也。則總是而論「虚承之轉」以包薈之。

第三節　虚承之轉

綴文之道盡乎「承」。爲徒承之易窮也，而有「轉」，「轉」亦所以承也。舍「轉」與「承」，則無以爲綴屬矣。故凡一篇之辭，舍其開端發首之一句而言之，莫非承與轉者。舍承與轉而別爲開端發首焉，則必別爲一篇而後可也。然使綴文之道，必限於承、轉之二者，則其道猶易窮也。則乃有舍承與轉，而別爲開端發首焉；而是開端發首者，非眞與其前之辭，漠然爲無關也。蓋其承接之道，不在實而在虛，故其與前之辭，貌若離而神則合也。貌離而神合者，是非眞爲開端發首也，是猶前之轉辭也，特無轉之跡可見耳。若此者，乃謂「虛承之轉」。論承轉者，至於「虛承之轉」，則綴屬之道，可謂難窮矣。則如：

有子曰：「其爲人也（頓總起）孝弟（設辭起），而好犯上者（轉承），【起】鮮矣。【承斷】不好犯上（撇筆頂承作起），而好作亂者（轉承），【再起，統承「其為人也」四字言之。】未之有也。【承斷】（兩排側注）君子務本，（突提起而意實自上文一貫而來，所謂「虛承之轉」。文多虛承，則有玄遠之神。）本立而道生。（以上兩節所謂「貌離而神合」也。下一節總攝，了成篇段。）孝弟也者，（承第一節，於第二節亦為虛承。）其爲仁之本與？」（承第二節。）

此通章以虛領取遠神，而爲雙起總收之局也。

子曰：「富與貴（頓），是人之所欲也（承），不以其道得之（轉），不處也。（結）貧與賤，是人之所惡也，不以其道得之，不去也。（兩排對起）君子去仁，（虛領起，「去」字關聯上文。）惡乎成名？【此反一面】君子無終食之間違仁（再虛領起），造次必於是，顛沛必於是（申承）。」【此正一面】（反正兩節承）

此一起一承，而亦以虛領過接也。

舜有臣五人（起）而天下治（轉承）。【一】武王曰：「予有亂臣十人。」【二】（兩排對起）孔子曰：「才難，不其然乎？（虛領起，下申承。）唐虞之際（承第一項），於斯爲盛（承第二項），有婦人焉（潛轉），九人而已。三分天下有其二，以服事殷（突起），周之德，其可謂至德也已矣！」

此前論「才難」，一起一承爲文，而忽因武王之言以及文王之德，突提而起，竟不別爲呼應。微旨深情，躍然言外。此最不可以跡象論也。

顏淵喟然嘆曰：「仰之（頓）彌高（轉承），鑽之彌堅；瞻之（頓）在前（承），忽焉在後（轉承）。（起飄忽有深神。）夫子循循然善誘人，（以下申承。）博我以文，約我以禮。（此言夫子之「教」起，下言己之「學」為承。）欲罷（頓折）不能（轉入），既竭吾才（承下潛轉），如有所立卓爾；雖欲從之（曲折），末由也已。」（此三折筆承。）（兩節申承前起「仰鑽」「瞻忽」實境。）

此以夫子之教、顏子之學爲起承，而忽加「仰鑽」「瞻忽」一節，突然而起，攝盡虛神，最爲玄遠靈警之筆。

司馬牛憂曰：「人皆有兄弟（起），我獨無。」（轉承）

子夏曰：「商聞之矣，死生有命，富貴在天。（申「聞」字。）君子（突提）敬而無失，與人恭而有禮（排承），【起】四海之內皆兄弟也。【承】君子何患乎無兄弟也？」【承結】

此章「君子」一接，亦辭斷意連，而潛氣內轉，有遠神。

佛肸召，子欲往。子路曰：「昔者由也聞諸夫子曰：『親於其身爲不善者，君子不入也。』（以上起。）佛肸以中牟畔，子之往也，如之何？」（承）子曰：「然！有是言也。（承下潛轉）不曰堅乎（逆搶而起）？磨（頓）而不磷（轉承）。（申「堅」字。）不曰白乎？涅而不緇。（兩排一層言無害。）吾豈匏瓜也哉（再逆搶作起）？焉能繫而不食？」（句法與「磨而不磷」兩句相應。）（又一層言有望。）

此章統以逆筆，孑然挺起，而意實一貫，然步驟緊厲，又一文境矣。

宰我問：「（以下申承。）三年之喪（起），期已久矣（承）。（透筆起。）君子三年不爲禮，禮必壞，三年不爲樂，樂必崩。（一層排承言「三年」為久。）舊穀既沒，新穀既升，鑽燧改火，期可已矣。」（又一層言「期可已矣」，兩層皆挺接特起。）

子曰：「食夫稻，衣夫錦（排起），於女安乎？」曰：「安。」

「女安（頂承之轉）則爲之（一句頓住）。夫君子（轉到「君子」，遙承「君子三年不為禮」節。此為虛承之轉。）之居喪，食旨不甘，聞樂不樂，居處不安（排承），故不爲也（一句斷結）。

今女（轉入正面，遙承「於女安乎」之二語。）安，則爲之。」（複應一句結。）

宰我出。子曰：「予之不仁也。（虛斷起，下申承。）子生三年，然後免於父母之懷。（一層言理。）夫三年之喪，天下之通喪也。（又一層言事。）予也（轉到正主），有三年之愛於其父母乎？」（此節三層皆特起，無承轉跡象。）

此章層折較繁。大抵虛承爲轉者，其兩節承接之道，往往不在於中權轉捩之間，而在其斷束總括之處。如曰「君子不安故不爲」、「今女安則爲之」之類是也。故方其自宰我之「安」

而轉之君子之「居喪」，其間若無關涉者，至於「不安則不爲」一語，而後其相爲承續之道乃見也。然亦未必盡然，貴能熟玩默喻之耳。

楚狂接輿歌而過孔子，曰：「鳳兮鳳兮（起）！何德之衰（承）！（下轉）往者不可諫，來者猶可追。（下再轉）已而已而！今之從政者殆而！」（排「而」字結。）【此一節起】

孔子下，欲與之言。趨而避之，不得與之言。【此一節承】

此章爲詩歌，故統爲虛承潛轉之筆，久諷可悟其梗要矣。

子游曰：「子夏之門人小子，當洒掃應對進退則可矣（撇承），抑末也（轉入正意結）。本之（轉起）則無（承），如之何？」

子夏聞之，曰：「噫！言游過矣！（虛斷，下申承。）

君子之道（特提起），孰先傳焉？孰後倦焉（撇筆排承）？譬諸草木（譬辭轉入正意），區以別矣（斷結）。【以上起】

君子之道，（重提「君子之道」起，與「君子無終食之間違仁」「君子何患乎無兄弟也」句法均

近。）焉可誣也？【以上承】

有始有卒者（虛領起），其惟聖人乎？」

此一章六轉，轉各不同，而起兩轉尤娟峭。

陳子禽謂子貢曰：「子爲恭也，仲尼豈賢於子乎？」（申「子為恭」意。）

子貢曰：「君子一言以爲知，一言以爲不知（排起），言不可不慎也（斷承）。【此一節虛起，下一節實承。】

夫子之不可及也，猶天之不可階而升也。（正、譬排句。）【此一層虛說「不可及」，下一層實說。】

夫子之得邦家者，（句調自前節「夫子之」一貫而來。）所謂立之斯立，道之斯行，綏之斯來，動之斯和。其生也榮，其死也哀。（句調變。）如之何其可及也！」（反斷承）

此以虛實爲對行文者。子貢善言德行，其稱夫子，至有味也。

叔孫武叔毀仲尼。子貢曰：「無以爲也（承斷），仲尼不可毀也。（申「無以為」意。）他人之賢者，丘陵也，猶可踰也。仲尼，日月也，無得而踰焉。（正、譬兩排對立。）【以上起，下申承。】人雖欲自絕（轉到武叔），其何傷於日月乎（撇承）？多見其不知量也（正承）。」【申承「不可毀」。】【申承「無以為」。】

此以仲尼、武叔兩面行文，而叔孫置兩端，仲尼置中間，爲迴環包孕之格。古文兩端各爲承起者，大率視此。

叔孫武叔語大夫於朝，曰：「子貢賢於仲尼。」子服景伯以告子貢。子貢曰：「譬之宮牆，（一句總起，兩排分承。）賜之牆也及肩，窺見室家之好。夫子之牆數仞，不得其門而入，不見宗廟之美，百官之富。【以上起】得其門者或寡矣（轉到叔孫）！夫子之云，不亦宜乎？」【以上承】

此亦對格排調之文。要之此所謂「虛承之轉」者，正略似於自來評文家之所謂「提筆」焉耳。然凡文字綴屬之道，有出於以前六章各節所云云者，則必爲虛承，必爲潛轉。潛轉猶虛承也，自其前無依傍而爲起，故曰「特起」；自其意有所自而爲承，故曰「虛承」。潛轉者，卽虛承而特起之謂也。蓋茲所引，有不能盡其爲變之萬一者。然學者於其前各節之云云，既已盡得其意，則於此不煩解而可以明，進而多讀古書以竭其爲用之變可矣，茲不能詳也。蓋至是而論語二十篇之文，引論已過十六七，而綴文之大體亦粗備。惟論語自鄉黨而外，以「四子言志」與「季氏伐顓臾」兩章爲較長，一爲敍述之體，一爲議論之體；茲特一一指其承轉之跡，以殿吾書。

子路（一）、曾皙（二）、冉有（三）、公西華（四）【分起】侍坐。【總承】

子曰（時承位轉）：「以吾一日長乎爾（起下潛轉），毋吾以也（承）。【兩句撇起】

居（突起虛承）則（承轉辭）曰：『不吾知也。』（承）如或知爾（時轉），則何以哉（承結）？」【四句承】

（以上一節總起，下四子各言其志分承。）

子路率爾而對曰（時承位轉）：「千乘之國（起），攝乎大國之間，加之以師旅，因之以饑饉，（排句潛轉，為承而遞進者。）【四句起】由也（突起承上）爲之（起），比及三年（時承），【起】可使有勇（承決），且知方也（轉進一層）。」【承】夫子哂之（時承位轉）。

（此子路之言。）

「求，爾何如？」（時承位仍，省動字。）對曰（時承位轉，省主辭。）：「方六七十（頓），如五六十（轉），【起】求也爲之（「之」字關係），比及三年【起】，可使足民【承】。如其禮樂【位轉為起】，以俟君子。」【承結】

（此冉有之言。）

「赤，爾何如？」（時承位轉，省主辭、謂辭。）對曰：「非曰能之（撇起），願學焉（轉入正承）。【起，下實承。】宗廟之事（特起為承），如會同（位轉），【起】端章甫【總承】，願爲小相焉。」【潛轉為承】

（此公西華之言。）

「點，爾何如？」鼓瑟（頓突起，潛轉虛承。）希（時承），鏗爾（時承），舍瑟（時承）而作（時承），對曰（時承）：（此處夷猶駘宕，四排中變化見賓主處。）

「異乎三子者之撰。」（總收四排，照前引後，文氣至此一頓。）

（此曾皙之言。）

子曰（時承位轉，特提子字，為節奏變化處。）：「何傷乎（起）？亦各言其志也（申承「無傷」意）。」曰（位轉承）：「莫春者（頓起），春服既成（時承），【設辭起，下潛轉承。】冠者五六人，童子六七人（排句起），浴乎沂，風乎舞雩（排句時承），詠而歸（時承調變）。」

（此曾皙止而復言，四排中正主。）

夫子喟然嘆曰（特提夫子，為總束以前四排，節奏緊要處。）：「吾與點也（承斷）。」

（以上兩節言志為起，下夫子論許之辭為承。而其稱許曾皙語已前見，故以下只說「三子」，猶上文「異乎三子者之撰」，以上亦只詳三子也。故曾皙言志一節為前後樞紐，文法配置微妙，是以格局勝者。）

三子者出，曾皙後。（兩句時承）

曾皙曰（位仍而曾皙特提，為行文節奏至此一變，以下均曾問而子答也。）：「夫三子者之言何如？」子曰：「亦各言其志也已矣（句與前節照顧）！」曰（位轉而主辭省，為非節奏轉換處也）：「夫子何哂由也？」曰：「爲國以禮（起）其言不讓（潛轉承），【起案】是故哂之【斷承】。」

（此論子路。）

「唯求則非邦也與（時承位轉，而主辭、動字均省。）？」「安見方六七十，如五六十，而非邦也者？」（時承位轉，而主辭、動字亦均省。）

（此論冉有。）

「唯赤則非邦也與？」「宗廟會同【起】，非諸侯（撇承作起）而何（轉入正承）？【承】赤也爲之小【起】，孰能爲之大？」【承】（兩排側注）

（此論公西華。）

（以上一節三排，自「吾與點也」句順及而來。）

此章以四子言志與夫子之論讚爲起、承兩段。而中間曾皙一節爲正主之文。細玩其步驟離合，蓋固非有意於爲文，而乃成文字之至妙也。

季氏將伐顓臾（起），冉有、季路見於孔子，曰（時承位轉）：「季氏將有事於顓臾。」

孔子曰（位轉承）：

「求（單提是主）！無乃爾是過與？（一句虛斷承）

夫顓臾（虛承之轉），昔者先王以爲東蒙主（承），且在邦域之中矣（再進一層承），是社

稷之臣也。（前兩承是案，此一承是斷。）【以上統為案起。】

何以伐爲？」」【轉到近事斷結】（此申承「爾是過與」意。）

（以上論顓臾不當伐，是第一節。）

冉有曰：「夫子欲之，吾二臣者皆不欲也。」（此對格排句之變。）孔子曰：「求（仍單提「求」是主）！周任有言曰（此亦虛承）：

『陳力就列【起】，不能（轉）者止（承）。』【承】

危（時轉）而不持（轉承），顛而不扶，【排句轉】則將焉用彼相矣？【承斷結】

（此就事之未然、將然而言。）

且爾言過矣！（再領起，亦虛承之轉。）（下申承）

虎兕出於柙，龜玉毀於櫝中（排起譬辭），是誰之過歟？」（承斷）

（此就事之已然而言。）

（以上論冉求不當不為諫救。）

冉有曰：「今夫顓臾（起），固（一層）而近於費（進一層），（承）今不取（時轉），後世必爲子孫憂（承決）。」孔子曰：

「求（主辭）！君子疾夫舍曰欲之，而必爲之辭。（此先「誅其心」，下再折其辭。）

丘也（此亦虛承之轉）聞有國有家者（頓），不患寡而患不均，不患貧而患不安（排承）。（三句申「聞」字。）蓋均無貧，和無寡，安無傾（排句申承）。夫如是（頂承之轉），故遠人不服，（轉於時以為起，設辭也。）則脩文德以來之（承）。既來之（頂承撇轉），則安之。（承）

【以上虛論事理是案。】

今由與求也，（帶由說，為位轉到正文。）相夫子，遠人不服（起）而不能來也（轉承），邦分崩離析而不能守也（排句承），而（轉如承）謀動干戈於邦內；

【以上案起，下承斷。】

吾恐季孫之憂，不在顓臾（撇承），而在蕭牆之內也。」（正承結）

（以上論伐顓臾非季氏利。）

此章三層分論，而運位轉於時承之中者也。大抵敍述之文，在事之先後；順及之文，時之縱者也，故當錬格而參以對偶。議論之文，在理之彼此；並著之文，位之衡者也，故當重調而羼以排比。則經緯之道，相得而益稱矣。此亦古人不傳之秘也。

明體表一　文之會成

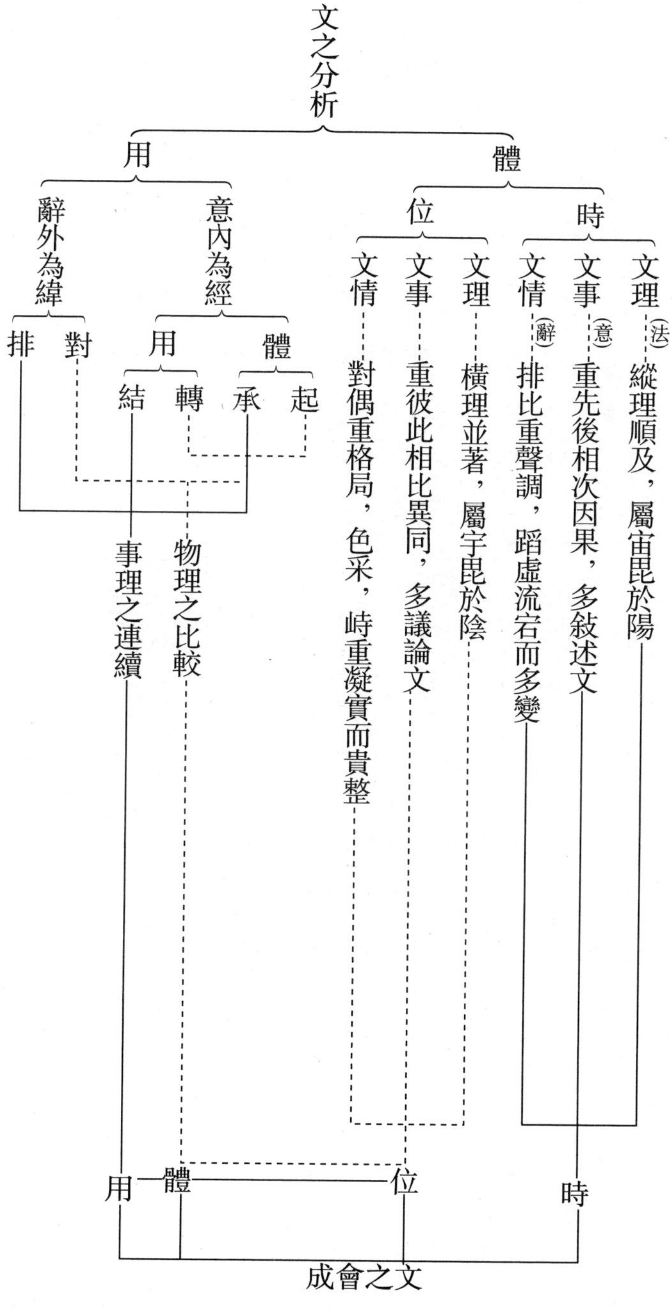
文之分析
用
體
辭外為緯
意內為經
排
對
用
體
結
轉
承
起
事理之連續
物理之比較
位
時
文理
文事
文情
文理(法)縱理順及，屬宙毘於陽
文事(意)重先後相次因果，多敘述文
文情(辭)排比重聲調，蹈虛流宕而多變
文理橫理並著，屬宇毘於陰
文事重彼此相比異同，多議論文
文情對偶重格局，色采，峙重凝實而貴整
用
體
位
時
文之會成

達用表二　文之連續

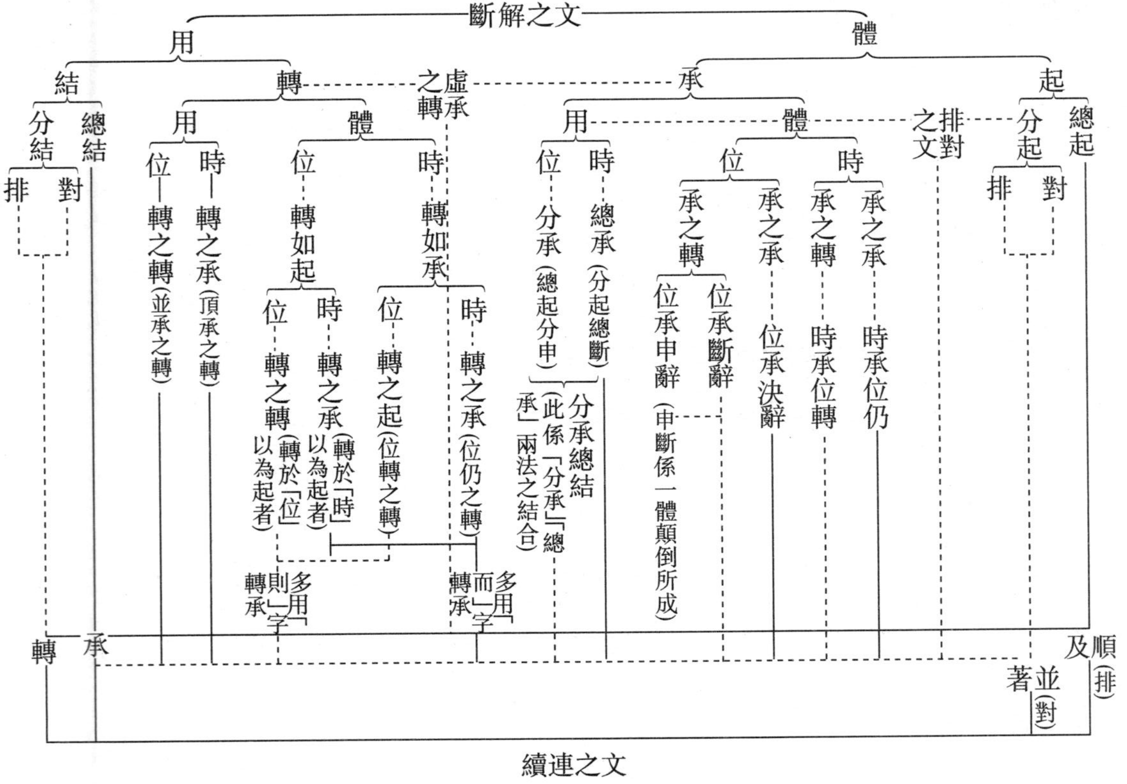

斷解之文
體
用
起
總起
分起
對
排
之排文對
承
體
時
承之承
時承位仍
承之轉
時承位轉
位
承之承
位承決辭
承之轉
位承斷辭
位承申辭
(申斷係一體顛倒所成)
用
時
總承
(分起總斷)
位
分承
(總起分申)
分承總結
(此係「分承」「總承」兩法之結合)
之虛轉承
轉
體
時
轉如承
時
轉之承
(位仍之轉)
位
轉之起
(位轉之轉)
位
轉如起
時
轉之承
(轉於「時」以為起者)
位
轉之轉
(轉於「位」以為起者)
轉而承多用「字」
轉則承多用「字」
用
時
轉之承
(頂承之轉)
位
轉之轉
(並承之轉)
結
總結
分結
對
排
順及(排)
並著(對)
承
轉
續連之文

體用合分表三　文之全體

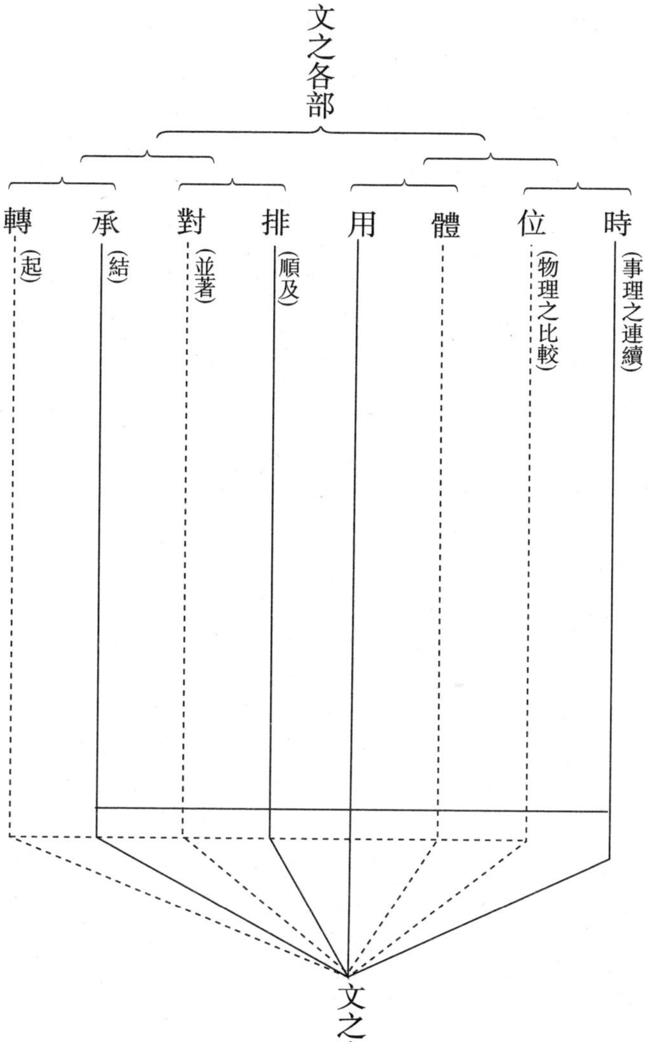

《錢穆先生全集》總書目

甲編

國學概論
四書釋義
論語文解
論語新解
孔子與論語
孔子傳
先秦諸子繫年
墨子　惠施公孫龍
莊子纂箋
莊老通辨
兩漢經學今古文平議
宋明理學概述
宋代理學三書隨劄
陽明學述要
朱子新學案（全五册）
中國近三百年學術史（一、二）
中國學術思想史論叢（全十册）
中國思想史
中國思想通俗講話
學籥
中國學術通義
現代中國學術論衡

乙編

周公
秦漢史
國史大綱（上、下）
中國文化史導論

中國歷史精神
國史新論
中國歷代政治得失
中國歷史研究法
中國史學發微
讀史隨劄
中國史學名著
史記地名考（上、下）
古史地理論叢

丙編

文化學大義
民族與文化
中華文化十二講
中國文化精神
湖上閒思錄
人生十論
政學私言
從中國歷史來看中國民族性及中國文化
文化與教育
歷史與文化論叢
世界局勢與中國文化
中國文化叢談
中國文學論叢
理學六家詩鈔
靈魂與心
雙溪獨語
晚學盲言（上、下）
新亞遺鐸
八十憶雙親師友雜憶合刊
講堂遺錄（一、二）
素書樓餘瀋
總目